لازم به ذکر است که ترجمه فارسی مندرج صرفا جهت
راهنمایی می باشد و کاملا تحت الفظی است و در
نگارش های بعدی به مرور تکمیل میگردد

595

Canadian Citizenship Practice Tests

First Edition

Plus Online Test:
www.toptenaward.org

Mahnaz Waezi

Vancouver, BC CANADA

Published by: Top Ten Award International Network Inc.

Vancouver, BC **CANADA**
Email: Info@TopTenAward.Net
www.toptenaward.net

Ordering Information:
Quantity sales. Special discounts are available on quantity purchases by universities, schools, corporations, associations, and others. For details, contact the "Sales Department" at the above mentioned email address.

(Persian) 595 Canadian Citizenship Tests, Mahnaz Waezi, 1st ed.
ISBN: 978-1-990451-72-0 Paperback

www.toptenaward.org

6

This book is dedicated to my late mum, Setareh

۱- کدام یک از موارد زیر منبع حقوق کانادا نیست؟
قوانین مصوب مجلس
قانون مدنی فرانسه
حقوق عمومی انگلیسی
کد نظامی فرانسه

۲- منشور بزرگ آزادی شامل چه مواردی است؟
آزادی وجدان و مذهب
حقوق استخدامی
حقوق مردم بومی
رهایی از مالیات

۳- کدام یک از موارد زیر در منشور بزرگ آزادی گنجانده نشده است؟
.آزادی فکر، عقیده، عقیده و بیان
آزادی وجدان و مذهب
آزادی خرید ملک
آزادی تشکل

1- Which one of the following is not a source of Canadian law?

A) Laws passed by Parliament

B) Civil code of France

C) English common law

D) Military code of France

2- What does the Great Charter of Freedom include?

A) Freedom of conscience and religion

B) Employment rights

C) Aboriginal Peoples' rights

D) Freedom from taxes

3- Which one of the following is not included in the Great Charter of Freedom?

A) Freedom of thought, belief, opinion, and expression.

B) Freedom of conscience and religion

C) Freedom to buy property

D) Freedom of association

٤- چه کسانی می توانند بدون محدودیت زمانی آزادانه وارد و خارج از کشور شوند؟

شهروندان کانادایی

شهروندان کانادایی و مهاجران زمینی

شهروندان بریتانیایی

شهروندان کشورهای مشترک المنافع

۵- کدام سه حق در منشور حقوق و آزادی های کانادا گنجانده شده است؟

حقوق تحرک، حقوق مردم بومی و حقوق زبان رسمی

حقوق آزادی بیان، حقوق مالکیت و حقوق محاکمه عادلانه

حقوق استخدام، حقوق تحرک و حقوق آزادی

حقوق بومیان، حق رأی و حقوق زبان رسمی

4- Who can enter and leave the country freely without time constraints?

A) Canadian citizens

B) Canadian citizens and landed immigrants

C) British citizens

D) Commonwealth citizens

5- Which three rights are included in the Canadian Charter of Rights and Freedoms?

A) Mobility rights, Aboriginal Peoples' rights, and official language rights

B) Freedom of expression rights, property rights and fair trial rights

C) Employment rights, mobility rights, and freedom rights

D) Aboriginal Peoples' rights, voting rights and official language rights

٦- تابعیت کانادا بر عهده کدام یک از موارد زیر است؟
خرید یک قطعه زمین
کمک به دیگران در جامعه
خدمت در ارتش
کمپینگ

٧- در صورت فراخواندن، عضویت در هیئت منصفه عبارت است از:
یک الزام قانونی
یک گزینه

٨- در کانادا «برابری زن و مرد» به چه معناست؟
زن و مرد هر دو می توانند کارهای خانه را انجام دهند
زن و مرد در مقابل قانون برابر هستند
زن و مرد هر دو باید یک وسیله نقلیه رانندگی کنند
زنان باید بیشتر درآمد داشته باشند

6- Which one of the following is a responsibility of Canadian citizenship?

A) Buying a piece of land

B) Helping others in the community

C) Serving in the Army

D) Camping

7- When called to do so, serving on a jury is:

A) A legal requirement

B) An option

8- In Canada, what does "equality of men and women" mean?

A) Men and women can both perform housework

B) Men and women are equal under the law

C) Men and women must both drive a vehicle

D) Women must earn more money

۹- کدام بخش از قانون اساسی آزادی های اساسی را خلاصه می کند و حقوق اضافی را نیز تعیین می کند؟

منشور حقوق و آزادی های کانادا
منشور حقوق کانادا
منشور آزادی های کانادا
منشور حقوق و آزادی های بریتانیا

۱۰- به عنوان یک شهروند کانادایی در کدام انتخابات مسئولیت رای دادن دارید؟
انتخابات فدرال، استانی یا منطقه ای و محلی
انتخابات فدرال، استانی یا منطقه ای
فقط انتخابات محلی
فقط انتخابات فدرال

9- Which part of the Constitution summarizes fundamental freedoms while also setting out additional rights?

A) The Canadian Charter of Rights and Freedoms

B) The Canadian Charter of Rights

C) The Canadian Charter of Freedoms

D) The British Charter of Rights and Freedoms

10- As a Canadian citizen, in which elections do you have a responsibility to vote?

A) Federal, provincial or territorial and local elections

B) Federal, provincial or territorial elections

C) Local elections only

D) Federal elections only

۱۱- کانادا تنها سلطنت مشروطه در آمریکای شمالی نیست
درست است، واقعی
نادرست

۱۲- عبارت کلیدی در سند اصلی قانون اساسی کانادا چیست؟
صلح، نظم و حکومت خوب
کار، نظم و دولت خوب
صلح، نظم و حقوق تحرک
دولت، کار و نظم خوب

۱۳- نام سند اصلی قانون اساسی کانادا چیست؟
قانون آمریکای شمالی بریتانیا
قانون اساسی
قانون تقنینی
قانون کنفدراسیون

11- Canada is not the only constitutional monarchy in North America

A) True

B) False

12- What is the key phrase in Canada' s original constitutional document?

A) Peace, Order and Good Government

B) Work, Order and Good Government

C) Peace, Order and Mobility Rights

D) Government, Work and Good Order

13- What is the name of Canada' s original constitutional document?

A) The British North America Act

B) The Constitutional Act

C) The Legislative Act

D) The Confederation Act

۱٤- سه باور را نام ببرید که کانادایی ها را قادر ساخته تا جامعه ای مرفه در محیطی ناهموار بسازند.
دستور آزادی، سرمایه گذاری و خرید خانه
شرکت، کار سخت و رانندگی ماشین
کار سخت، بازی جوانمردانه و آزادی دستور داده شده
زندگی در فضای باز، کار سخت و بازی جوانمردانه

۱۵- موسسات کانادایی چه نوع تعهدی را رعایت می کنند؟
صلح، نظم و حکومت خوب
کار، نظم و دولت خوب
صلح، نظم و حقوق تحرک
کار، نظم، و دولت خوب

۱٦- شاعران و ترانه سراها از کانادا چه ستایش کرده اند؟
«سلطه بزرگ»
«سرزمین شجاعان»
فضای باز عالی
«صلح، نظم و حکومت خوب»

14- Name three beliefs that have enabled Canadians to build a prosperous society in a rugged environment.

A) Ordered liberty, enterprise and buying houses

B) Enterprise, hard work and driving cars

C) Hard work, fair play and ordered liberty

D) Outdoor life, hard work, and fair play

15- What kind of commitment do Canadian institutions uphold?

A) Peace, Order, and Good Government

B) Work, Order and Good Government

C) Peace, Order, and Mobility Rights

D) Work, Order, and Good Government

16- As what have poets and songwriters hailed Canada?

A) The "Great Dominion"

B) The "Land of the Brave"

C) The "Great Outdoors"

D) "Peace, Order and Good Government"

۱۷-سه قوم بنیانگذار کانادا چه کسانی هستند؟
بومی، متیس و اینوئیت
بریتانیایی، متیس و بومی
بومی، فرانسوی و بریتانیایی
مهاجران اولیه، متیس و اینویت

۱۸- اعتقاد بر این بود که اجداد بومیان از کجا مهاجرت کرده اند؟
اروپا
آفریقا
استرالیا
آسیا

۱۹- حقوق بومیان و معاهده در قانون اساسی وجود ندارد
درست است، واقعی
نادرست

17-Who are the three founding peoples of Canada?

A) Aboriginal, Métis and Inuit

B) British, Métis and Aboriginal

C) Aboriginal, French, and British

D) Early settlers, Métis and Inuit

18- From where were the ancestors of Aboriginal peoples believed to have migrated?

A) Europe

B) Africa

C) Australia

D) Asia

19- Aboriginal and Treaty rights are not in the Constitution

A) True

B) False

۲۰- اولین بار چه زمانی حقوق سرزمینی بومیان تضمین شد؟
۱۷۵۹
۱۶۵۹
۱۷۴۹
۱۷۶۳

۲۱- اولین ضمانت حق ارضی ملل اول را چه کسی اعلام کرد؟
پادشاه جورج سوم
پادشاه جورج دوم
شاه جورج اول
ملکه الیزابت

۲۲- چه زمانی دولت فدرال بسیاری از کودکان بومی را در مدارس مسکونی قرار داد؟
از آغاز دهه ۱۹۰۰ تا ۱۹۸۰
از ۱۷۰۰ تا ۱۹۸۰
از دهه ۱۸۰۰ تا ۱۹۸۰
از دهه ۱۷۰۰ تا ۱۹۷۰

20- When were Aboriginal territorial rights first guaranteed?

A) 1759

B) 1659

C) 1749

D) 1763

21- Who proclaimed the first territorial right guarantee for the First Nations?

A) King George III

B) King George II

C) King George I

D) Queen Elizabeth

22- When did the federal government place many Aboriginal children in residential schools?

A) From the beginning of the 1900s until the 1980s

B) From the 1700s until the 1980s

C) From the 1800s until the 1980s

D) From the 1700s until the 1970s

۲۳- اصطلاح هندی به چه چیزی اشاره دارد؟
متیس و اینویت
آکادی ها، متیس ها و اولین ملل
همه مردم بومی که اینویت یا متیس نیستند
مهاجران اولیه، متیس و اینویت

۲٤- استفاده از اصطلاح «نخستین ملل» از چه زمانی آغاز شد؟
در دهه ۱۹۷۰
در دهه ۱۹٦۰
در دهه ۱۹۸۰
هرگز

۲۵- امروزه چند نفر از ملل اول در زمین های ذخیره شده زندگی می کنند؟
حدود دو سوم
حدود نیمی
حدود یک سوم
%۱۰۰

23- To what does the term "Indians" refer?

A) Métis and Inuit

B) Acadians, Métis and First Nations

C) All aboriginal peoples who are not Inuit or Métis

D) Early settlers, Métis and Inuit

24- When did the term "First Nations" begin to be used?

A) In the 1970s

B) In the 1960s

C) In the 1980s

D) Never

25- How many First Nations people live on reserve land today?

A) About two thirds

B) About half

C) About one third

D) 100%

۲۶- سه گروه اصلی مردم بومی کدامند؟
اولین ملل، متیس و اینویت
آکادی ها، متیس ها و اولین ملل
فرانسوی، انگلیسی و ملل اول
مهاجران اولیه، متیس و اینویت

۲۷- جان بوکان که بود؟
فرماندار کل محبوب کانادا
یک ژنرال معروف کانادایی
یک ژنرال پیروز ارتش کانادا
یکی از پدران کنفدراسیون

۲۸- دیدگاه جان بوکان، فرماندار کل محبوب کانادا در دهه ۱۹۳۰ در مورد مهاجرت چگونه بود؟
یکسان سازی کامل فرهنگی
وحدت ندارد
بدون تنوع
وحدت در تنوع

26- What are the three main groups of Aboriginal peoples?

A) First Nations, Métis and Inuit

B) Acadians, Métis and First Nations

C) French, English and First Nations

D) Early settlers, Métis and Inuit

27- Who was John Buchan?

A) A popular Governor General of Canada

B) A famous Canadian general

C) A victorious Canadian army General

D) One of the Fathers of Confederation

28- What was the view on immigration of John Buchan, a popular Governor General of Canada in the 1930s?

A) Complete cultural assimilation

B) No unity

C) No diversity

D) Unity in diversity

«Inuit»

۲۹- به چه معناست؟
«مردم»
«سرزمین»
«روستا»
«شمال دور»

۳۰- مردم اینوئیت کجا زندگی می کنند؟
در جوامع پراکنده در سراسر قطب شمال
در شهرهای کوچک در سراسر منیتوبا
در سراسر یوکان
در زمین های ذخیره در سراسر سرزمین های شمال غربی

۳۱- متی ها چه کسانی هستند؟
مردمی متمایز از اجداد مختلط بومی و اروپایی
ملت های نخست
آکادمی ها
اینویت

29- What does the word "Inuit" mean?

A) "The people"

B) "The land"

C) "The village"

D) "The far North"

30- Where do Inuit people live?

A) In scattered communities across the Arctic

B) In small towns across Manitoba

C) Across the Yukon

D) In reserve land across the Northwest Territories

31- Who are the Métis?

A) A distinct people of mixed Aboriginal and European ancestry

B) First Nations

C) Acadians

D) Inuit

۳۲- اکثریت متیس ها کجا زندگی می کنند؟
استان های اقیانوس اطلس
استان های دشتی
استان های غربی
استان های شمالی

۳۳- پیشینه گفتاری جمعیت متیس چیست؟
فرانسوی
انگلیسی
هم فرانسوی و هم انگلیسی
آکادی

۳٤- نام لهجه متیس چیست؟
آکادی
Michif
فرانسوی
اینویت

32- Where does the majority of the Métis live?

A) Atlantic provinces

B) Prairie provinces

C) Western provinces

D) Northern provinces

33-What is the speaking background of the Métis population?

A) French

B) English

C) Both French and English

D) Acadian

34- What is the name of Metis dialect?

A) Acadian

B) Michif

C) Frenglish

D) Inuit

۳۵- کدام گروه از مردمان بومی بیشترین جمعیت را در کانادا دارند؟
اینویت
متیس
ملت های نخست
آکادمی ها

۳۶- دو زبان رسمی کانادا کدامند؟
انگلیسی و اولین ملل
انگلیسی و فرانسوی
فرانسوی و انگلیسی
اولین ملل و فرانسه

۳۷- دولت فدرال طبق قانون موظف است در سراسر کانادا خدمات ارائه دهد
انگلیسی و فرانسوی
چینی و انگلیسی
فقط انگلیسی
انگلیسی، فرانسوی و چینی

35- Which group of Aboriginal peoples has the largest population in Canada?

A) Inuit

B) Métis

C) First Nations

D) Acadians

36- What are Canada's two official languages?

A) English and First Nations

B) English and French

C) French and British

D) First Nations and French

37- The federal government is required by law to provide services throughout Canada in

A) English and French

B) Chinese and English

C) English only

D) English, French and Chinese

۳۸- انگلوفون ها چه کسانی هستند؟
افرادی که انگلیسی را به عنوان زبان اول صحبت می کنند
افرادی که به عنوان زبان اول فرانسوی صحبت می کنند
مردم بومی که انگلیسی را به عنوان زبان اول صحبت می کنند
مردم بریتانیا

۳۹- فرانکوفون ها چه کسانی هستند؟
مردم بومی که به عنوان زبان اول فرانسوی صحبت می کنند
افرادی که انگلیسی را به عنوان زبان اول صحبت می کنند
فرانسوی ها
افرادی که به عنوان زبان اول فرانسوی صحبت می کنند

۴۰- امروزه در کانادا چند انگلوفون وجود دارد؟
۱۸ میلیون
۵۰ میلیون
۱۰ میلیون
۵ میلیون

38- Who are Anglophones?

A) People who speak English as a first language

B) People who speak French as a first language

C) Aboriginal people who speak English as a first language

D) British people

39- Who are Francophones?

A) Aboriginal people who speak French as a first language

B) People who speak English as a first language

C) French people

D) People who speak French as a first language

40- How many Anglophones are there in Canada today?

A) 18 million

B) 50 million

C) 10 million

D) 5 million

۴۱- امروزه در کانادا چند فرانکوفون وجود دارد؟
۱۰ میلیون
۵ میلیون
۷ میلیون
۵۰ میلیون

۴۲- اکثریت فرانکوفون ها در کدام استان زندگی می کنند؟
آلبرتا
نیوبرانزویک
مانیتوبا
کبک

۴۳- تنها استان رسمی دو زبانه کدام استان است؟
آلبرتا
نیوبرانزویک
مانیتوبا
کبک

41- How many Francophones are there in Canada today?

A) 10 million

B) 5 million

C) 7 million

D) 50 million

42- In which province does the majority of Francophones live?

A) Alberta

B) New Brunswick

C) Manitoba

D) Quebec

43- Which province is the only official bilingual province?

A) Alberta

B) New Brunswick

C) Manitoba

D) Quebec

٤٤- آکادی ها از فرزندان چه گروه هایی هستند؟
متیس و اینویت
مستعمره نشینان فرانسوی که در سال ١٦٠٤ در استان های دریایی کنونی ساکن شدند
اولین کشورهایی که در دهه ١٦٠٠ در استان‌های پریری کنونی ساکن شدند
مستعمره نشینان بریتانیایی که در سال ١٦٠٤ در استان های دریایی کنونی ساکن شدند

٤٥- «بحران بزرگ» چه بود؟
تبعید بیش از دو سوم آکادمی ها از وطن خود بین سال های ١٧٥٥ و ١٧٦٣
اخراج بیش از دو سوم بومیان از سرزمین خود بین سالهای ١٧٥٥ و ١٧٦٣
تبعید بیش از دو سوم اینوئیت ها از سرزمین خود بین سال های ١٧٥٥ تا ١٧٦٣

زلزله بزرگی که در قرن هجدهم سواحل شرقی کانادا را ویران کرد

44- Acadians are the descendants of what groups?

A) Métis and Inuits

B) French colonists who began settling in what are now the Maritime provinces in 1604

C) First Nations who began settling in what are now the Prairie provinces in 1600s

D) British colonists who began settling in what are now the Maritime provinces in 1604

45- What was the "Great Upheaval"?

A) The deportation of more than two-third of Acadians from their homeland between 1755 and 1763

B) The deportation of more than two-third of Aboriginal from their homeland between 1755 and 1763

C) The deportation of more than two-third of Inuit from their homeland between 1755 and 1763

D) The great earthquake that ravaged Canada's East Coast during the 18th century

٤٦- کبکی ها چیست؟
آکادی ها
فرانسوی ها
بومیان فرانسوی زبان
مردم کبک

٤٧- کبکی ها از فرزندان چه گروه هایی هستند؟
مستعمره نشینان بریتانیایی که در دهه ۱٦۰۰ در استان های دریایی کنونی ساکن شدند
متیس و اینویت
مهاجران فرانسوی از ۱٦۰۰ و ۱۷۰۰
آکادمی ها

٤٨- چه کسی در سال ۲۰۰٦ تشخیص داد که کبکواها ملتی را در یک کانادا متحد تشکیل می دهند؟
نخست وزیر
مجلس عوام
مجلس سنا
وزرای کابینه

46- What are Quebecers?

A) The Acadians

B) The francophones

C) The French-speaking Aboriginals

D) The people of Quebec

47- Quebecers are the descendants of what groups?

A) British colonists who began settling in the 1600s in what are now the Maritime provinces

B) Métis and Inuit

C) French settlers from the 1600s and 1700s

D) Acadians

48- Who recognized in 2006 that the Quebecois form a nation within a united Canada?

A) The Prime Minister

B) The House of Commons

C) The Senate

D) The Cabinet Ministers

۴۹- مجلس عوام چه زمانی تشخیص داد که کبکواها ملتی را در داخل یک کانادا متحد تشکیل می دهند؟
۲۰۰۶
۲۰۰۱
۱۹۸۶
۱۹۷۲

۵۰- در کانادایی شدن، انتظار می رود تازه واردان کدام اصول را بپذیرند؟
دموکراتیک
آزادیخواه
لیبرالیست
سرمایه دار

۵۱- مهاجران انگلیسی زبان چه کسانی بودند؟
انگلیسی، ولزی، اسکاتلندی و متیس
استرالیایی ها و انگلیسی ها
انگلیسی، ایرلندی و فرانسوی
انگلیسی، ولزی، اسکاتلندی و ایرلندی

49- When did the House of Commons recognize that the Quebecois form a nation within a united Canada?

A) 2006

B) 2001

C) 1986

D) 1972

50- In becoming Canadian, which principles are newcomers expected to embrace?

A) Democratic

B) Libertarian

C) Liberalist

D) Capitalist

51- Who were the English-speaking settlers?

A) English, Welsh, Scottish and Métis

B) Australians and British

C) English, Irish and French

D) English, Welsh, Scottish and Irish

۵۲- عموماً به چه کسانی «کانادایی انگلیسی» گفته می شود؟
بومیان انگلیسی زبان
انگلوفون ها
بریتانیا
انگلیسی

۵۳- از دهه ۱۸۰۰ اکثریت کانادایی ها کجا متولد شدند؟
چین
هند
کانادا
انگلستان

۵٤- در مورد تنوع، کانادا اغلب به چه چیزی گفته می شود؟
سرزمین قدرتمندان و آزادگان
سلطه بزرگ
سرزمین مهاجران
فضای باز بزرگ

52- Who are generally referred to as "English Canadians"?

A) The English-speaking Aboriginals

B) The Anglophones

C) The British

D) The English

53- Since the 1800s, where were the majority of Canadians born?

A) China

B) India

C) Canada

D) England

54- Regarding diversity, as what is Canada often referred?

A) The land of the strong and free

B) The Great Dominion

C) A land of immigrants

D) The Great Outdoors

۵۵- از دهه ۱۹۷۰، بیشترین مهاجران از کجا می آیند؟
آسیا
اروپا
آمریکای جنوبی
آفریقا

۵۶- بعد از انگلیسی، دومین زبان غیر رسمی در خانه های کانادایی کدام است؟
پنجابی
چینی
فرانسوی
اسپانیایی

۵۷- اکثریت عظیم کانادایی ها به کدام وابستگی مذهبی می شناسند؟
مسیحی
مسلمان
یهودی
هندوئیسم

55- Since the 1970s, from where do most immigrants come from?

A) Asia

B) Europe

C) South America

D) Africa

56- After English, what is the second most-spoken non-official language in Canadian homes?

A) Punjabi

B) Chinese

C) French

D) Spanish

57- To which religious affiliation do the great majority of Canadians identify?

A) Christian

B) Muslim

C) Jewish

D) Hinduism

۵۸- مارجوری ترنر بیلی کیست؟
یک قهرمان المپیک و از نوادگان وفاداران سیاه پوست
یک مهاجر معروف کانادایی
اولین زنی که نخست وزیر شد
اولین ورزشکار زن کانادایی

۵۹- در کانادا، همجنس‌گرایان و همجنس‌گرایان از حمایت کامل و رفتار برابر تحت قانون برخوردارند، از جمله دسترسی به ازدواج مدنی.
درست است، واقعی
نادرست

۶۰- کدام یک از جملات زیر در مورد مدارس مسکونی نادرست است؟
مردم بومی خواستار قرار گرفتن در مدارس مسکونی شدند
بودجه مدارس ضعیف بود و دانش آموزان را با مشکل مواجه می کرد
زبان بومی و شیوه های فرهنگی عمدتاً ممنوع بود
دولت فدرال بسیاری از کودکان بومی را در مدارس مسکونی قرار داد تا آنها را آموزش دهند و آنها را با فرهنگ اصلی کانادا جذب کنند.

58- Who is Marjorie Turner-Bailey?

A) An Olympian and descendant of black Loyalists

B) A famous Canadian settler

C) The first woman to become Prime Minister

D) The first Canadian female athlete

59- In Canada, gays and lesbians enjoy the full protection of and equal treatment under the law, including access to civil marriage

A) True

B) False

60- Which of the following statements about residential schools is false?

A) Aboriginal people demanded to be placed in residential schools

B) The schools were poorly funded and inflicted hardship on the students

C) Aboriginal language and cultural practices were mostly prohibited

D) The federal government placed many Aboriginal children in residential schools to educate and assimilate them into mainstream Canadian culture

۶۱- کدام بومیان شکارچی بودند؟
کری و دن در شمال غربی
Iroquois از منطقه دریاچه های بزرگ و Huron-Wendat
سیوکس
اینوئیت ها

۶۲- اسکان انگلیسی ها از چه زمانی در کانادا آغاز شد؟
۱۵۱۰
۱۴۹۷
۱۶۱۰
۱۷۲۰

۶۳- اکتشاف اروپا از چه زمانی در کانادا آغاز شد؟
۱۴۹۷
۱۵۱۰
۱۶۱۰
۱۵۹۷

61- Which natives were hunter-gatherers?

A) The Cree and Dene of the Northwest

B) Huron-Wendat of the Great Lakes region and the Iroquois

C) The Sioux

D) The Inuit

62- When did English settlement begin in Canada?

A) 1510

B) 1497

C) 1610

D) 1720

63- When did European exploration begin in Canada?

A) 1497

B) 1510

C) 1610

D) 1597

٦٤- چه زمانی مستعمرات انگلیسی در کنار ساحل اقیانوس اطلس پدید آمدند؟
اوایل دهه ۱۶۰۰
اواسط دهه ۱۶۰۰
اواخر دهه ۱۶۰۰
اوایل دهه ۱۷۰۰

٦٥- چه کسی هزاران هندی موهاوک وفادار را در سال ۱۷۷٦ وارد کانادا کرد؟
رابرت بالدوین
جوزف برانت
جوزف هاو
سر جان آ. مکدونالد

٦٦- کدام استان های فعلی از قانون اساسی خارج شده اند؟
انتاریو و نیوبرانزویک
جزیره پرنس ادوارد و کبک
انتاریو و کبک
انتاریو و جزیره پرنس ادوارد

64- When did English colonies appear along the Atlantic seaboard?

A) The early 1600s

B) The mid 1600s

C) The late 1600s

D) The early 1700s

65- Who led thousands of Loyalist Mohawk Indians into Canada in 1776?

A) Robert Baldwin

B) Joseph Brant

C) Joseph Howe

D) Sir John A. Macdonald

66- Which current provinces came out from the Constitutional Act?

A) Ontario and New Brunswick

B) Prince Edward Island and Quebec

C) Ontario and Quebec

D) Ontario and Prince Edward Island

٦٧- نام «کانادا» از چه زمانی رسمی شد؟
١٧٥٨
١٨٨٩
١٦٠٩
١٧٩١

٦٨- چه کسی کانادای علیا را اولین استان امپراتوری بریتانیا کرد که برده داری را لغو کرد؟
جوزف برانت
جوزف هاو
سرهنگ دوم جان گریوز سیمکو
سر جان آ. مکدونالد

٦٩- چه زمانی پارلمان بریتانیا برده داری را در سراسر امپراتوری لغو کرد؟
١٨٣٣
١٨٠٧
١٨٥٣
١٧٩٣

67- When did the name "Canada" become official?

A) 1758

B) 1889

C) 1609

D) 1791

68- Who made Upper Canada the first province in the British Empire to abolish slavery?

A) Joseph Brant

B) Joseph Howe

C) Lieutenant Colonel John Graves Simcoe

D) Sir John A. Macdonald

69- When did the British Parliament abolish slavery throughout the Empire?

A) 1833

B) 1807

C) 1853

D) 1793

۷۰- چه زمانی آمریکا به کانادا حمله کرد؟

۱۸۱۲

۱۸٤۰

۱۸٦۷

۱۸٤۹

۷۱- کدام کشورها در جنگ ۱۸۱۲ شرکت کردند؟

انگلستان و ایالات متحده آمریکا

فرانسه و کانادا

ایالات متحده آمریکا، فرانسه و بریتانیا

فرانسه و انگلستان

۷۲- تلاش آمریکا برای فتح کانادا در کدام سال شکست خورد؟

۱۸۱٤

۱۸٤۰

۱۸٦۷

۱۸٤۹

70- When did the United States launch an invasion on Canada?

A) 1812

B) 1840

C) 1867

D) 1849

71- Which countries fought in the War of 1812?

A) United Kingdom and United States of America

B) France and Canada

C) United States of America, France and United Kingdom

D) France and United Kingdom

72- In which year did the American attempt to conquer Canada fail?

A) 1814

B) 1840

C) 1867

D) 1849

۷۳- کانادا در چه سالی تبدیل به کشور شد؟

۱۸٤۰

۱۹۸۲

۱۷۵۹

۱۸٦۷

۷٤- کانادا علیا و سفلی در چه سالی با هم متحد شدند؟

۱۸٤۰

۱۸۸۲

۱۷۵۹

۱۸٦۷

۷۵- اولین رهبر یک دولت مسئول در کانادا چه کسی شد؟

لافونتن

رابرت بالدوین

جوزف هاو

سر جان آ. مکدونالد

73- In what year did Canada become a country?

A) 1840

B) 1982

C) 1759

D) 1867

74- In what year were Upper and Lower Canada united?

A) 1840

B) 1882

C) 1759

D) 1867

75- Who became the first leader of a responsible government in the Canadas?

A) La Fontaine

B) Robert Baldwin

C) Joseph Howe

D) Sir John A. Macdonald

۷٦- کنفدراسیون یعنی چه؟
پیوستن چند استان برای تشکیل کشوری جدید
پیوستن چندین مستعمره بریتانیا برای تشکیل کشوری جدید
الحاق چند شهر برای تشکیل استان جدید
شکاف بین جنوب و شمال

۷۷- پارلمان بریتانیا قانون آمریکای شمالی بریتانیا را چه زمانی تصویب کرد؟
۱۸٤٠
۱۹۸۲
۱۷۵۹
۱۸٦۷

۷۸- روز کانادا چه زمانی است؟
اول جولای
اول نوامبر
۱۱ نوامبر
۱۱ سپتامبر

76- What does "Confederation" mean?

A) The joining of several provinces to form a new country

B) The joining of several British colonies to form a new country

C) The joining of several cities to form a new province

D) The split between the South and the North

77- When did the British Parliament pass the British North America Act?

A) 1840

B) 1982

C) 1759

D) 1867

78- When is Canada Day?

A) First of July

B) First of November

C) 11th of November

D) 11th of September

۷۹- چه کسی رنگ ملی کانادا (سفید و قرمز) را در سال ۱۹۲۱ اختصاص داد؟

پادشاه جورج پنجم

پادشاه جورج دوم

شاه جیمز

ملکه ویکتوریا

۸۰- چه کسی اصطلاح «سلطه کانادا» را در سال ۱۸٦٤ پیشنهاد کرد؟

لافونتن

رابرت بالدوین

جوزف هاو

سر لئونارد تیلی

۸۱- کدام عبارت تجسم چشم انداز سلطنت کانادا بود؟

«اوه کانادا، خانه و سرزمین مادری من»

«تسلط از دریا به دریا و از نهر تا اقصی نقاط زمین»

«سلطه از اقیانوسی به اقیانوسی»

«سرزمین آزادگان و قوی ها»

79- Who assigned Canada's national colours (white and red) in 1921?

A) King George V

B) King George II

C) King James

D) Queen Victoria

80- Who suggested the term, "Dominion of Canada" in 1864?

A) La Fontaine

B) Robert Baldwin

C) Joseph Howe

D) Sir Leonard Tilley

81- Which phrase embodied the vision for the Dominion of Canada?

A) "Oh Canada, my home and native land"

B) "Dominion from sea to sea and from the river to the ends of the earth"

C) "Dominion from ocean to ocean"

D) "The land of the free and strong"

۸۲- اولین نخست وزیر کانادا در چه سالی انتخاب شد؟

۱۹٦٤

۱۷٦٤

۱۸٦۷

۱۸٦۹

۸۳- اولین نخست وزیر کانادا چه کسی بود؟

سر جان الکساندر مکدونالد

سر جورج اتین کارتیه

سر لوئیس هیپولیت لافونتن

سر اتین پاسکال تاچه

۸٤- روی اسکناس ۱۰ دلاری کانادا پرتره کیست؟

سر جورج اتین کارتیه

سر لوئیس هیپولیت لافونتن

سر اتین پاسکال تاچه

سر جان الکساندر مکدونالد

82- In which year was Canada's first Prime Minister elected?

A) 1964

B) 1764

C) 1867

D) 1869

83- Who was Canada's First Prime Minister?

A) Sir John Alexander Macdonald

B) Sir George-Étienne Cartier

C) Sir Louis-Hippolyte La Fontaine

D) Sir Étienne-Paschal Taché

84- Whose portrait is on the Canadian $10 bill?

A) Sir George-Étienne Cartier

B) Sir Louis-Hippolyte La Fontaine

C) Sir Étienne-Paschal Taché

D) Sir John Alexander Macdonald

۸۵- معمار کلیدی کنفدراسیون از کبک چه کسی بود؟

سر جورج اتین کارتیه

سر لوئیس هیپولیت لافونتن

سر اتین پاسکال تاچه

سر جان الکساندر مکدونالد

۸۶- چه زمانی کانادا منطقه وسیع شمال غربی را از شرکت خلیج هادسون تصاحب کرد؟

۱۹٤۹

۱۸٦۹

۱۸٦٤

۱۹۰۵

۸۷- آر سی ام پی چه زمانی ایجاد شد؟

۱۸٦٤

۱۸٦۹

۱۸۷۳

۱۸۹۲

85- Who was the key architect of Confederation from Quebec?

A) Sir George-Étienne Cartier

B) Sir Louis-Hippolyte La Fontaine

C) Sir Étienne-Paschal Taché

D) Sir John Alexander Macdonald

86- When did Canada take over the vast northwest region from the Hudson's Bay Company?

A) 1949

B) 1869

C) 1864

D) 1905

87- When was the RCMP created?

A) 1864

B) 1869

C) 1873

D) 1892

۸۸- آر سی ام پی مخفف چیست؟
پلیس سواره نظام سلطنتی کانادا
پلیس سلطنتی کانادا
پلیس سوار کانادا ثبت شده است
پلیس شهری کانادا ثبت شده

۸۹- پلیس سواره سلطنتی کانادا چیست؟
یک نیروی پلیس ملی
یک نیروی انتظامی شهرداری
پلیس ارتش
یک نیروی انتظامی استان

۹۰- قلمروهای بریتانیا در دریای کارائیب بخشی از کانادا است.
درست است، واقعی
نادرست

88- What does "RCMP" stand for?

A) Royal Canadian Mounted Police

B) Royal Canadian Master Police

C) Registered Canadian Mounted Police

D) Registered Canadian Municipal Police

89- What is the Royal Canadian Mounted Police?

A) A national police force

B) A municipal police force

C) army police

D) A provincial police force

90- The British territories in the Caribbean Sea are part of Canada.

A) True

B) False

۹۱- اولین نخست وزیر فرانسه-کانادا از زمان کنفدراسیون کیست؟
سر ویلفرد لوریر
سر اتین پاسکال تاچه
سر لوئیس هیپولیت لافونتن
سر جورج اتین کارتیه

۹۲- روی اسکناس ۵ دلاری پرتره کیست؟
سر جورج اتین کارتیه
سر ویلفرد لوریر
سر اتین پاسکال تاچه
سر لوئیس هیپولیت لافونتن

۹۳- چه چیزی باعث شد که مهاجران در غرب کانادا مستقر شوند؟
تکمیل بندر ونکوور
تکمیل راه آهن ملی کانادا
اعطای زمین رایگان به مهاجران جدید
تکمیل راه آهن کانادا در اقیانوس آرام

91- Who became the first French-Canadian prime minister since Confederation?

A) Sir Wilfrid Laurier

B) Sir Étienne-Paschal Taché

C) Sir Louis-Hippolyte La Fontaine

D) Sir George-Étienne Cartier

92- Whose portrait is on the $5 bill?

A) Sir George-Étienne Cartier

B) Sir Wilfrid Laurier

C) Sir Étienne-Paschal Taché

D) Sir Louis-Hippolyte La Fontaine

93- What made it possible for immigrants to settle in Western Canada?

A) The completion of the port of Vancouver

B) The completion of the Canadian National Railway

C) The giving of free land to new settlers

D) The completion of the Canadian Pacific Railway

۹۴- چند کانادایی در جنگ جهانی اول خدمت کردند؟
حدود ۶۰۰۰۰
حدود ۱۷۰۰۰۰
حدود ۱۰۰۰۰
بیش از ۶۰۰۰۰۰

۹۵- چه کسانی شهرت «سربازان شوک امپراتوری بریتانیا» را داشتند؟
سربازان کانادایی
نیروهای فرانسوی
نیروهای انگلیسی
سربازان کارائیب

۹۶- بزرگترین سرباز کانادا در طول جنگ جهانی اول چه کسی بود؟
سرهنگ دوم جان مک کری
ژنرال سر الکساندر مکدونالد
ژنرال سر آرتور کوری
سرهنگ سر جوزف هاو

94- How many Canadians served in the First World War?

A) About 60,000

B) About 170,000

C) About 10,000

D) More than 600,000

95- Who had the reputation of being the "shock troops of the British Empire"?

A) The Canadian troops

B) The French troops

C) The British troops

D) The Caribbean troops

96- Who was Canada's greatest soldier during the First World War?

A) Lt. Col. John McCrae

B) General Sir Alexander Macdonald

C) General Sir Arthur Currie

D) Colonel Sir Joseph Howe

۹۷- چه چیزی به جنبش حق رأی زنان معروف است؟

تلاش زنان برای پایان دادن به رنج

تلاش زنان برای دستیابی به حق رای

جنبش فمینیستی

جنبش آزادیبخش جنگ توسط زنان

۹۸- چه زمانی به اکثر شهروندان زن کانادایی ۲۱ ساله و بالاتر حق رای در انتخابات فدرال داده شد؟

۱۹۱۸

۱۹۲۱

۱۸۸۹

۱۹۴۵

۹۹- بنیانگذار نهضت حق رای زنان چه کسی بود؟

اگنس مکفیل

دکتر امیلی استو

ترز کاسگرن

ماری هاو

97- What is known as the women's suffrage movement?

A) The effort by women to end suffering

B) The effort by women to achieve the right to vote

C) The feminist movement

D) The war liberation movement by women

98- When were most Canadian female citizens, aged 21 and over, granted the right to vote in federal elections?

A) 1918

B) 1921

C) 1889

D) 1945

99- Who was the founder of the women's suffrage movement?

A) Agnes Macphail

B) Dr. Emily Stowe

C) Thérèse Casgrain

D) Marie Howe

۱۰۰- روز ذکر چه زمانی است؟
اول نوامبر
۱۱ نوامبر
۱۱ سپتامبر
۲۱ دسامبر
۱۰۱- منظور از خشخاش روز ذکر چیست؟
به یاد ملکه ما الیزابت دوم
برای جشن گرفتن کنفدراسیون
برای ادای احترام به نخست وزیرانی که مرده اند
به یاد فداکاری کانادایی‌هایی که تا به امروز در جنگ‌ها
خدمت کرده یا جان خود را از دست داده‌اند

۱۰۲- کانادایی ها در روز یادبود چه چیزهایی را به یاد می آورند؟
فداکاری جانبازان و دلاوران کشته شده در همه جنگ ها
پیروزی کانادا در جنگ جهانی اول
پیروزی کانادا در جنگ جهانی دوم
اولین مهاجران کانادا

100- When is Remembrance Day?

A) First of November

B) 11th of November

C) 11th of September

D) 21st of December

101- What is the meaning of the Remembrance Day poppy?

A) To remember our Sovereign Queen Elizabeth II

B) To celebrate Confederation

C) To honour prime ministers who have died

D) To remember the sacrifice of Canadians who have served or died in wars up to the present day

102- What do Canadians remember on Remembrance Day?

A) The sacrifices of veterans and brave fallen in all wars

B) Canada's victory in the First World War

C) Canada's victory in the Second World War

D) Canada's first settlers

۱۰۳- کانادایی ها در روز یادبود چه می پوشند؟
خشخاش قرمز
روبان آبی
روبان قرمز
دستبند قرمز

۱۰٤- انجمن آزاد ایالاتی که امپراتوری بریتانیا پس از جنگ جهانی اول به آن متحول شده بود چه نام داشت؟
کشورهای مشترک المنافع بریتانیا
امپراتوری بریتانیا
کشورهای مسلح بریتانیا
سلطه استعماری بریتانیا

۱۰۵- بانک کانادا چه زمانی ایجاد شد؟
۱۹۳٤
۱۹۳۹
۱۹٤۲
۱۹٤۵

103- What do Canadians wear on Remembrance Day?

A) Red poppy

B) Blue ribbon

C) Red ribbon

D) Red bracelet

104- What was the name of the free association of states that the British Empire had evolved into after the First World War?

A) The British Commonwealth of Nations

B) The British Empire

C) The British Armed Nations

D) The British Colonial Dominion

105- When was the Bank of Canada created?

A) 1934

B) 1939

C) 1942

D) 1945

۱۰٦- چه چیزی منجر به رکود بزرگ در دهه ۱۹۳۰ شد؟

سقوط بازار سهام در سال ۱۹۳۲

قیمت پایین غلات و خشکسالی وحشتناک در سال ۱۹۲۹

سقوط بازار سهام در سال ۱۹۲۹

قیمت پایین غلات و خشکسالی وحشتناک در سال ۱۹۳۲

۱۰۷- در حمله حماسی به نرماندی در شمال فرانسه در سال ١٩٤٤ معروف به دی دی، کانادایی ها کدام ساحل را تصرف کردند؟

جونو

اوماها

یوتا

طلا

۱۰۸- در طول جنگ جهانی دوم، نسبت کانادایی ها در چقدر بود؟ D نیروهای متفقین در روز

۱ در ۱۰

۱ در ۵

۱ در ۳

۱ در ۲

106- What led to the Great Depression in the 1930s?

A) The stock market crash of 1932

B) Low grain prices and a terrible drought in 1929

C) The stock market crash of 1929

D) Low grain prices and a terrible drought in 1932

107- In the epic invasion of Normandy in northern France in 1944, known as D-Day, which beach did the Canadians capture?

A) Juno

B) Omaha

C) Utah

D) Gold

108- During the Second World War, what was the ratio of Canadians in the Allied forces on D-Day?

A) 1 in 10

B) 1 in 5

C) 1 in 3

D) 1 in 2

۱۰۹- چند کانادایی در جنگ جهانی دوم خدمت کردند؟

حدود ۶۰۰/۰۰

حدود ۳۰۰۰۰۰

حدود ۹۰۰۰۰۰

بیش از یک میلیون

۱۱۰- چه کسی بیش از هر کشور مشترک المنافع دیگری در طول جنگ جهانی دوم به تلاش هوایی متفقین کمک کرد؟

انگلستان

کانادا

هند

استرالیا

۱۱۱- صنعت انرژی مدرن کانادا در سال ۱۹۴۷ چه چیزی آغاز شد؟

کشف برق آبی در بریتیش کلمبیا

لایحه انرژی به تصویب مجلس عوام رسید

کشف زغال سنگ در منیتوبا

کشف نفت در آلبرتا

109- How many Canadians served in the Second World War?

A) About 600,00

B) About 300,000

C) About 900,000

D) More than one million

110- Who contributed more to the Allied air effort than any other Commonwealth country during the Second World War?

A) England

B) Canada

C) India

D) Australia

111- What began Canada's modern energy industry in 1947?

A) The discovery of hydro-electricity in British Columbia

B) The Energy Bill passed by the House of Common

C) The discovery of coal in Manitoba

D) The discovery of oil in Alberta

۱۱۲- اکثریت کانادایی ها برای اولین بار چه زمانی توانستند غذا، سرپناه و پوشاک کافی را تهیه کنند؟

۱۹۴۵

۱۹۴۹

۱۹۵۱

۱۹۵۴

۱۱۳- چرا کانادایی ها از یکی از بالاترین استانداردهای زندگی در جهان برخوردار هستند؟

با سخت کوشی و تجارت با کشورهای دیگر

با سخت کوشی و عضویت در ناتو

با تشکر از توافقنامه نفتا

با تشکر از آمریکایی ها

۱۱۴- بیمه بیکاری از چه زمانی معرفی شد؟

۱۹۴۰

۱۹۲۷

۱۹۶۵

۱۹۷۰

112- When were the majority of Canadians able to afford adequate food, shelter and clothing for the first time?

A) 1945

B) 1949

C) 1951

D) 1954

113- Why do Canadians enjoy one of the world's highest standards of living?

A) By working hard and by trading with other nations

B) By working hard and by being a NATO member

C) Thanks to the NAFTA agreement

D) Thanks to the Americans

114- When was introduced Unemployment insurance (now called "employment insurance")?

A) 1940

B) 1927

C) 1965

D) 1970

۱۱۵- امنیت سالمندی از چه زمانی ابداع شد؟

۱۹۴۰

۱۹۲۷

۱۹۶۵

۱۹۷۰

۱۱۶- برنامه های بازنشستگی کانادا و کبک از چه زمانی طراحی شد؟

۱۹۴۰

۱۹۲۷

۱۹۶۵

۱۹۷۰

.۱۱۷- کانادا عضو سازمان پیمان آتلانتیک شمالی (ناتو) نیست

درست است، واقعی

نادرست

.۱۱۸- کانادا عضو سازمان ملل متحد است

درست است، واقعی

نادرست

115- When was Old Age Security devised?

A) 1940

B) 1927

C) 1965

D) 1970

116- When were the Canada and Quebec Pension Plans devised?

A) 1940

B) 1927

C) 1965

D) 1970

117- Canada is not a member of the North Atlantic Treaty Organization (NATO)

A) True

B) False

118- Canada is a member of the United Nations (UN)

A) True

B) False

۱۱۹- «انقلاب آرام» چه بود؟
دوران تغییر سریع در دهه ۱۹٦۰ در کبک
جنگ سرد بین شرق و غرب
آمدن امنیت سالمندی در کانادا
توسعه خودمختاری کانادا در جهان پس از جنگ جهانی دوم

۱۲۰- کدام قانون خدمات فرانسوی و انگلیسی را در دولت فدرال در سراسر کانادا تضمین می کند؟
قانون زبان فرانسه
قانون زبان انگلیسی
قانون دو زبانه
قانون زبان های رسمی

۱۲۱- دو زبان رسمی کانادا کدامند؟
فرانسوی و انگلیسی
چینی و انگلیسی
انگلیسی و اینویت
انگلیسی و انگلیسی

119- What was the "Quiet Revolution"?

A) An era of rapid change in the 1960s in Quebec

B) The Cold War between the East and the West

C) The coming of the Old Age Security in Canada

D) The development of Canada's autonomy in the world after the Second World War

120- Which Act guarantees French and English services in the federal government across Canada?

A) The French Language Act

B) The English Language Act

C) The Bilingual Act

D) The Official Languages Act

121- What are the two official languages of Canada?

A) French and English

B) Chinese and English

C) English and Inuit

D) English and British

۱۲۲- «فرانکوفونی» چیست؟
منطقه ای در کبک
یک ساز فرانسوی
انجمن بین المللی کشورهای فرانسوی زبان
یک جشنواره موسیقی فرانسوی
۱۲۳- کبک در کانادا از حاکمیت برخوردار است
الف)درست ب) نادرست

۱۲٤- ژاپنی های کانادایی از چه زمانی حق رای به دست آوردند؟
۱۹٦۰
۱۹٤۹
۱۹٤۸
۱۹۵۳
۱۲۵- چه زمانی به مردم بومی حق رای داده شد؟
۱۹٦۰
۱۹٤۹
۱۹٦۱
۱۹٤۸

122- What is "La Francophonie"?

A) A region in Quebec

B) A French music instrument

C) An international association of French-speaking countries

D) A French music festival

123- Quebec enjoys sovereignty in Canada

A) True B) False

124- When did the Japanese-Canadians gain the right to vote?

A) 1960

B) 1949

C) 1948

D) 1953

125- When were Aboriginal people granted the right to vote.

A) 1960

B) 1949

C) 1961

D) 1948

۱۲۶- در دهه ۱۹۶۰، چند کانادایی اصالتی داشتند که نه بریتانیایی و نه فرانسوی بود؟
نیم
یک سوم
دو سوم
یک چهارم
۱۲۷- گروه هفت چه کسانی بودند؟
هفت قهرمان برتر جنگ کانادا
پدر کنفدراسیون
هفت بازیکن برتر هاکی کانادا
هفت هنرمند هنرهای تجسمی کانادایی که سبک خاصی از نقاشی را توسعه دادند

۱۲۸- پیشگامان هنر انتزاعی مدرن در دهه ۱۹۵۰ چه کسانی بودند؟
از کبک «Les Automatistes»
انتزاعی ها
اصلاح طلبان کبک
گروه هفت

126- By the 1960s, how many Canadians had origins that were neither British nor French?

A) Half

B) One-third

C) Two-third

D) One-quarter

127- Who were the Group of Seven?

A) Seven Canadian greatest war heroes

B) The Father of the Confederation

C) The Seven Canadian best hockey players

D) Seven Canadian visual art artists who developed a certain style of painting

128- Who were pioneers of modern abstract art in the 1950s?

A) "Les Automatistes" of Quebec

B) The Abstractists

C) "Les Reformateurs" of Quebec

D) The Group of Seven

۱۲۹- بسکتبال توسط یک کانادایی اختراع شد
درست است، واقعی
نادرست
۱۳۰- چرا تری فاکس قهرمان ملی کاناداست؟
او الهام بخش مردم برای کمک به تحقیقات سرطان بود
او اولین رئیس جمهور منتخب کانادا شد
او بهترین بازیکن هاکی تمام دوران بود
او کانادا را در قرن نوزدهم متحد کرد

۱۳۱- از چه چیزی به عنوان «هدف شنیده شده در سراسر جهان» یاد می شود؟
گل پیروزی برای کانادا در سری اجلاس سران کانادا-شوروی در سال ۱۹۹۲
گل پیروزی برای کانادا در سری اجلاس سران کانادا-ایالات متحده آمریکا در سال ۱۹۷۲
گل پیروزی برای کانادا در سری اجلاس سران کانادا و شوروی در سال ۱۹۷۲
گل پیروزی برای کانادا در سری جام استنلی کانادا-شوروی در سال ۱۹۷۲

129- Basketball was invented by a Canadian

A) True

B) False

130- Why is Terry Fox a Canadian national hero?

A) He inspired people to contribute money for cancer research

B) He became the first elected President of Canada

C) He was the greatest hockey player of all time

D) He united Canada in the 19th century

131- What is often referred to as "the goal heard around the world"?

A) the winning goal for Canada in the Canada-Soviet Summit Series in 1992

B) the winning goal for Canada in the Canada-USA Summit Series in 1972

C) the winning goal for Canada in the Canada-Soviet Summit Series in 1972

D) the winning goal for Canada in the Canada-Soviet Stanley Cup Series in 1972

۱۳۲- کدام کانادایی با ویلچر دور کره زمین چرخید تا برای تحقیقات نخاع کمک مالی کند؟
تری فاکس
ریک هانسن
وین گرتزکی
مارشال مک لوهان

۱۳۳- فوتبال کانادا کاملاً مشابه فوتبال آمریکایی است
درست است، واقعی
نادرست

۱۳٤- چه کسی تلفن را اختراع کرد؟
الکساندر گراهام تلوس
الکساندر گراهام راجرز
الکساندر گراهام شاو
الکساندر گراهام بل

132- Which Canadian circled the globe in a wheelchair to raise funds for spinal cord research?

A) Terry Fox

B) Rick Hansen

C) Wayne Gretzky

D) Marshall McLuhan

133-Canadian football is absolutely identical to American football

A) True

B) False

134- Who invented the telephone?

A) Alexander Graham Telus

B) Alexander Graham Rogers

C) Alexander Graham Shaw

D) Alexander Graham Bell

۱۳۵- چه کسی ماشین برفی را اختراع کرد؟
جوزف-آرماند بمباردیر
جوزف-آرمند اسکیدو
مایک لازاریدیس
متیو ایوانز
۱۳۶- چه کسی سیستم جهانی مناطق زمانی استاندارد را اختراع کرد؟
سر سندفورد فلمینگ
سر جان آ. هاپس
سر سندفورد گرینویچ
سر هنری وودوارد
۱۳۷- چه کسی به عنوان «بزرگترین کانادایی زنده» شناخته می شود؟
سر سندفورد فلمینگ
تری فاکس
دکتر وایلدر پنفیلد
سر جان آ. مکدونالد
۱۳۸- انسولین توسط یک کانادایی کشف شد
درست است، واقعی نادرست

135- Who invented the snowmobile?

A) Joseph-Armand Bombardier

B) Joseph-Armand Skidoo

C) Mike Lazaridis

D) Matthew Evans

136- Who invented the worldwide system of standard time zones?

A) Sir Sandford Fleming

B) Sir John A. Hopps

C) Sir Sandford Greenwich

D) Sir Henry Woodward

137- Who is known as "the greatest living Canadian"?

A) Sir Sandford Fleming

B) Terry Fox

C) Dr. Wilder Penfield

D) Sir John A. Macdonald

138- Insulin was discovered by a Canadian

A) True

B) False

۱۳۹- اولین ضربان ساز قلب را چه کسی اختراع کرد؟
سر سندفورد فلمینگ
دکتر جان A. Hopps
دکتر وایلدر پنفیلد
سر جان آ. مکدونالد
۱٤٠- بلک بری اختراع کانادایی است
الف)درست ب) نادرست
۱٤۱- کانادا از چه زمانی یکی از قوی ترین اقتصادها را در بین کشورهای صنعتی داشت؟
بین ۱۹٤۵ و ۱۹۷۰
بین ۱۹۲۵ و ۱۹٦٠
بین ۱۹۸۰ و ۱۹۹۰
بین سالهای ۱۹۷۰ و ۱۹۸۰
۱٤۲- کانادا از چه زمانی به ایالات متحده و سایر شرکای تجاری نزدیک شد؟
بین ۱۹۲۵ و ۱۹٦٠
بین ۱۹۸۰ و ۱۹۹۰
بین ۱۹٤۵ و ۱۹۷۰
بین سالهای ۱۹۷۰ و ۱۹۸۰

139- Who invented the first cardiac pacemaker?

A) Sir Sandford Fleming

B) Dr. John A. Hopps

C) Dr. Wilder Penfield

D) Sir John A. Macdonald

140- The Blackberry is a Canadian invention

A) True B) False

141- When did Canada enjoy one of the strongest economies among industrialized nations?

A) Between 1945 and 1970

B) Between 1925 and 1960

C) Between 1980 and 1990

D) Between 1970 and 1980

142- When did Canada draw closer to the United States and other trading partners?

A) Between 1925 and 1960

B) Between 1980 and 1990

C) Between 1945 and 1970

D) Between 1970 and 1980

۱٤۳- قانون سلامت کانادا چه چیزی را تضمین می کند؟
عناصر مشترک و استاندارد اولیه پوشش
آب آشامیدنی برای همه کانادایی ها
دیگر خبری از اپیدمی های مسری در کانادا نیست
آموزش با بودجه دولتی

۱٤٤- جنگی که با تبدیل شدن چندین کشور آزاد شده اروپای شرقی به یک بلوک کمونیستی تحت کنترل اتحاد جماهیر شوروی آغاز شد، چه نام داشت؟
جنگ شوروی
جنگ سرد
جنگ شرق
جنگ اتحادیه

۱٤٥- از چه زمانی مجلس کمیسیون سلطنتی دوزبانگی و دوفرهنگی را تأسیس کرد؟
۱۹٤٥
۱۹٦۹
۱۹٦۳
۱۹۷۰

143- What does the Canada Health Act ensure?

A) Common elements and a basic standard of coverage

B) Drinkable water for all Canadians

C) No more contagious epidemics in Canada

D) Publicly funded education

144- What was the name of the war that began when several liberated countries of Eastern Europe became part of a Communist bloc controlled by the Soviet Union?

A) The Soviet War

B) The Cold War

C) The Eastern War

D) The Union War

145- When did the Parliament establish the Royal Commission on Bilingualism and Biculturalism?

A) 1945

B) 1969

C) 1963

D) 1970

۱٤٦- چه کسی بسکتبال را اختراع کرد؟
جیمز نیسمیت
دونوان بیلی
وین گرتزکی
تری فاکس

۱٤٧- چه کسی انسولین را ایجاد کرد؟
دکتر جان A. Hopps
دکتر وایلدر پنفیلد
سر فردریک بانتینگ از تورنتو و چارلز بست
سر سندفورد فلمینگ و چارلز بست

۱٤٨- کدام هنرمند مشهور کانادایی جنگل ها و مصنوعات بومی ساحل غربی را نقاشی کرده است؟
ژان پل ریوپل
امیلی کار
لویی فیلیپ هبرت
کنجواک آشواک

146- Who invented Basketball?

A) James Naismith

B) Donovan Bailey

C) Wayne Gretzky

D) Terry Fox

147- Who created insulin?

A) Dr. John A. Hopps

B) Dr. Wilder Penfield

C) Sir Frederick Banting of Toronto and Charles Best

D) Sir Sandford Fleming and Charles Best

148- Which famous Canadian artist painted the forests and Aboriginal artifacts of the West Coast?

A) Jean-Paul Riopelle

B) Emily Carr

C) Louis-Philippe Hébert

D) Kenojuak Ashevak

۱٤۹- چه کسی هنر مدرن اینویت را پیشگام کرد؟
لویی فیلیپ هبرت
امیلی کار
کنجواک آشواک
ژان پل ریوپل

۱۵۰- کدام یک از افراد ادیب است که تأثیر فرهنگی قابل توجهی داشته است؟
سر ارنست مک میلان
کنجواک آشواک
پائولین جانسون
ژان پل ریوپل

۱۵۱- کدام یک از موارد زیر یک نوازنده کانادایی است که در کانادا و خارج از آن شهرت یافته است؟
امیل نلیگان
سر ارنست مک میلان
جوی کوگاوا
ژان پل ریوپل

149- Who pioneered modern Inuit art?

A) Louis-Philippe Hébert

B) Emily Carr

C) Kenojuak Ashevak

D) Jean-Paul Riopelle

150- Which of the following is a person of letters who had a significant cultural impact?

A) Sir Ernest MacMillan

B) Kenojuak Ashevak

C) Pauline Johnson

D) Jean-Paul Riopelle

151- Which of the following is a Canadian musician who won renown in Canada and abroad?

A) Emile Nelligan

B) Sir Ernest MacMillan

C) Joy Kogawa

D) Jean-Paul Riopelle

۱۵۲- کدام یک از موارد زیر نویسنده ای است که تجربه ادبی کانادا را متنوع کرده است؟

مایکل اوندااتجه

هیلی ویلان

لویی فیلیپ هبرت

دنیس آرکاند

۱۵۳- مجسمه ساز مشهور شخصیت های تاریخی چه کسی بود؟

کنجواک آشواک

نورمن جویسون

امیلی کار

لویی فیلیپ هبرت

۱۵٤- فیلم های چه کسانی در کبک و سراسر کشور محبوبیت داشته و جوایز بین المللی را از آن خود کرده اند؟

فیلم های لویی هیمون

فیلم های لویی فیلیپ هبرت

فیلم های دنیس آرکاند

فیلم های امیل نلیگان

152- Which of the following is a writer who has diversified Canada's literary experience?

A) Michael Ondaatje

B) Healey Willan

C) Louis-Philippe Hébert

D) Denys Arcand

153- Who was a celebrated sculptor of historical figures?

A) Kenojuak Ashevak

B) Norman Jewison

C) Emily Carr

D) Louis-Philippe Hébert

154- Whose films have been popular in Quebec and across the country, and have won international awards?

A) The films of Louis Hémon

B) The films of Louis-Philippe Hébert

C) The films of Denys Arcand

D) The films of Émile Nelligan

۱۵۵- سه واقعیت کلیدی در مورد سیستم حکومتی کانادا چیست؟

کانادا یک ایالت فدرال، یک دموکراسی پارلمانی و یک سلطنت مشروطه است

کانادا یک پادشاهی بریتانیا، یک دموکراسی پارلمانی و یک سلطنت مشروطه است

کانادا یک دموکراسی فدرال، یک ایالت پارلمانی و یک سلطنت مشروطه است

کانادا یک ایالت فدرال، یک سلطنت پارلمانی و یک دموکراسی مبتنی بر قانون اساسی است

۱۵٦- سطوح دولتی در کانادا چگونه است؟

فدرال، استانی، منطقه ای و شهری

فدرال، استانی و سرزمینی

استانی، سرزمینی و شهری

فدرال و استانی

155- What are the three key facts about Canada's system of government?

A) Canada is a federal state, a parliamentary democracy and a constitutional monarchy

B) Canada is a British Kingdom, a parliamentary democracy and a constitutional monarchy

C) Canada is a federal democracy, a parliamentary state and a constitutional monarchy

D) Canada is a federal state, a parliamentary monarchy and a constitutional democracy

156- What are the levels of government in Canada?

A) Federal, provincial, territorial and municipal

B) Federal, provincial, and territorial

C) Provincial, territorial and municipal

D) Federal and provincial

۱۵۷- چه زمانی وظایف دولت فدرال و استانی مشخص شد؟
۱۷۶۷
۱۷۴۹
۱۸۶۷

۱۸۴۹

۱۵۸- نام سابق قانون اساسی چیست؟
قانون آمریکای شمالی بریتانیا
قانون بریتانیا
قانون فدرال
قانون آمریکای شمالی فرانسه

۱۵۹- وظایف دولت فدرال و استانی در کدام قانون تعریف شده است؟
قانون مسئولیت ها
قانون اساسی
قانون فدرال
قانون دولت

157- When were the responsibilities of the federal and provincial governments defined?

A) 1767

B) 1749

C) 1867

D) 1849

158- What is the former name of the Constitution Act?

A) The British North American Act

B) The British Act

C) The Federal Act

D) The French North American Act

159- In which Act are the responsibilities of the federal and provincial governments defined?

A) The Responsibilities Act

B) The Constitution Act

C) The Federal Act

D) The Government Act

۱۶۰- حوزه قضایی مشترک دولت فدرال و استانی چیست؟
منابع طبیعی و مهاجرت
کشاورزی و مهاجرت
کشاورزی و حقوق شهروندی
آموزش و پرورش و بزرگراه

۱۶۱- سناتورها چگونه انتخاب می شوند؟
آنها توسط نخست وزیر منصوب می شوند
آنها توسط فرماندار کل به توصیه نخست وزیر منصوب می شوند
آنها توسط مجلس عوام منصوب می شوند
آنها منتخب مردم هستند

۱۶۲- فدرالیسم یعنی چه؟
کانادا یک کشور فدرال است
دولت فدرال صلاحیت رسیدگی به برخی موضوعات را دارد
دولت فدرال در مورد همه مسائل تصمیم نهایی را دارد
استان های مختلف می توانند سیاست های متناسب با جمعیت خود را اتخاذ کنند

160- What is the shared jurisdiction of the federal and provincial governments?

A) Natural Resources and immigration

B) Agriculture and immigration

C) Agriculture and civil rights

D) Education and highways

161- How are senators chosen?

A) They are appointed by the Prime Minister

B) They are appointed by the Governor General on the advice of the Prime Minister

C) They are appointed by the House of Commons

D) They are elected by the people

162- What does "federalism" mean?

A) Canada is a federal country

B) The Federal Government has jurisdiction over certain matters

C) The Federal government has the final decision over all matters

D) The different provinces can adopt policies tailored to their own populations

۱۶۳- هر استان مجلس مقننه منتخب خود را دارد
درست است، واقعی
نادرست
۱۶٤-چند قلمرو در کانادا وجود دارد؟
چهار
سه
دو
یکی

۱۶۵- «دموکراسی پارلمانی» یعنی چه؟
سناتورها اعضای مجلس عوام در اتاوا و مجالس قانونگذاری استانی و منطقه ای را انتخاب می کنند.
مردم اعضای مجلس عوام در اتاوا و مجالس قانونگذاری استانی و منطقه ای را انتخاب می کنند.
پارلمان اعضای مجلس عوام در اتاوا و مجالس قانونگذاری استانی و منطقه ای را انتخاب می کند.
ملکه اعضای مجلس عوام در اتاوا و مجالس قانونگذاری استانی و منطقه ای را انتخاب می کند.

163- Every province has its own elected Legislative Assembly

A) True

B) False

164-How many territories are there in Canada?

A) Four

B) Three

C) Two

D) One

165- What does "parliamentary democracy" mean?

A) The senators elect members to the House of Commons in Ottawa and to the provincial and territorial legislatures

B) The people elect members to the House of Commons in Ottawa and to the provincial and territorial legislatures

C) The parliament elects members to the House of Commons in Ottawa and to the provincial and territorial legislatures

D) The Queen elects members to the House of Commons in Ottawa and to the provincial and territorial legislatures

۱٦٦- کدام یک از موارد زیر به عهده اعضای مجلس عوام در اتاوا و مجلس قانونگذاری استانی و منطقه ای است؟

پاسخگو نگه داشتن دولت

آموزش و بهداشت

مسائل مربوط به نگرانی بین المللی

کشاورزی و مهاجرت

۱٦٧- وظایف اعضای مجلس عوام در اتاوا و مجالس قانونگذاری استانی و منطقه ای چیست؟

تصویب قوانین و تصویب و نظارت بر مخارج

تصویب قوانین، تصویب و نظارت بر مخارج و پاسخگو نگه داشتن دولت

نظارت بر مخارج، و پاسخگو نگه داشتن دولت

مسائل مربوط به نگرانی بین المللی

166- Which of the following is a responsibility of the members to the House of Commons in Ottawa and to the provincial and territorial legislatures?

A) Keeping the government accountable

B) Education and health

C) Matters of international concern

D) Agriculture and immigration

167- What are the responsibilities of the members to the House of Commons in Ottawa and to the provincial and territorial legislatures?

A) Passing laws, and approving and monitoring expenditures

B) Passing laws, approving and monitoring expenditures, and keeping the government accountable

C) Monitoring expenditures, and keeping the government accountable

D) Matters of international concern

۱۶۸- حفظ اعتماد مجلس به چه معناست؟

مجلس عوام باید به نخست وزیر اعتماد داشته باشد

مجلس عوام باید به سناتورها اعتماد داشته باشد

ملکه باید به وزرای کابینه اعتماد داشته باشد

وزرای کابینه در برابر نمایندگان منتخب مسئول هستند

۱۶۹- اگر وزرای کابینه در رای عدم اعتماد شکست بخورند چه می شود؟

باید استعفا بدهند

آنها فقط یک سال دیگر سمت خود را حفظ می کنند

آنها فقط ۶ ماه دیگر سمت خود را حفظ می کنند

هیچی

168- What does it mean to retain the "confidence of the House"?

A) The House of Commons has to have confidence in the Prime Minister

B) The House of Commons has to have confidence in the senators

C) The Queen has to have confidence in the Cabinet ministers

D) Cabinet ministers are responsible to the elected representatives

169- What happens if the cabinet ministers are defeated in a non-confidence vote?

A) They have to resign

B) They keep their positions for one more year only

C) They keep their positions for 6 more months only

D) Nothing

۱۷۰- قوه مقننه ولایی شامل چه مواردی می شود؟

نمایندگان استان و مجلس منتخب

مجلس منتخب

معاون فرماندار و مجلس منتخب

نمایندگان استان

۱۷۱- لایحه چگونه به قانون تبدیل می شود؟

این لایحه باید توسط مجلس عوام و سنا تصویب شود و

باید موافقت سلطنتی را دریافت کند

این لایحه باید توسط ملکه یا پادشاه انگلیس امضا شود

این لایحه باید به تصویب نمایندگان مجلس برسد

این لایحه باید به تصویب مجلس عوام برسد

170- What comprises a provincial legislature?

A) The provincial MPs and the elected Assembly

B) The elected Assembly

C) The Lieutenant Governor and the elected Assembly

D) The provincial MPs

171- How does a bill become a law?

A) The bill must be passed by the House of Commons and the Senate, and must receive royal assent

B) The bill must be signed by the Queen or King of England

C) The bill must be approved by the Members of the Parliament

D) The bill must be passed by the House of Commons

۱۷۲- دولت فدرال چه وظایفی دارد؟

مسائل مربوط به ملی و بین المللی

مسائل مربوط به نگرانی ملی

مسائل مربوط به نگرانی بین المللی

مسائل مربوط به استان

۱۷۳- کدام یک از موارد زیر بر عهده دولت فدرال است؟

سلامتی

حقوق جزا و تابعیت

تحصیلات

منابع طبیعی

۱۷٤- دولت های استانی چه مسئولیتی دارند؟

آموزش، بهداشت و منابع طبیعی

منابع طبیعی، مالکیت، حقوق شهروندی و بزرگراه ها

منابع طبیعی و بزرگراه ها

آموزش، بهداشت، منابع طبیعی، مالکیت، حقوق شهروندی و بزرگراه

172- What are the responsibilities of the federal government?

A) Matters of national and international concern

B) Matters of national concern

C) Matters of international concern

D) Matters of provincial concern

173- Which of the following is the responsibility of federal government?

A) Health

B) Criminal law and citizenship

C) Education

D) Natural Resources

174- For what are the provincial governments responsible?

A) Education, health, and natural resources

B) Natural resources, property, civil rights, and highways

C) Natural resources and highways

D) Education, health, natural resources, property, civil rights, and highways

۱۷۵- کدام یک از موارد زیر بر عهده استان ها می باشد؟
سیاست خارجی
دفاع
بزرگراه ها
تجارت بین استانی

۱۷۶- «فدرالیسم» چه می کند؟
تمام قدرت را به دولت فدرال می دهد
به استان های مختلف اجازه می دهد تا سیاست های متناسب با جمعیت خود را اتخاذ کنند
تمام اختیارات را به نخست وزیر می دهد
به دولت فدرال اجازه می دهد تا سیاست هایی را برای همه استان ها اتخاذ کند

۱۷۷- ساختمان های مجلس کجا قرار دارد؟
اتاوا
تورنتو
ونکوور
شهر کبک

175- Which of the following is a responsibility of the provinces?

A) Foreign policy

B) Defence

C) Highways

D) Interprovincial trade

176- What does "federalism" do?

A) Gives all the power to the federal government

B) Allows different provinces to adopt policies tailored to their own populations

C) Gives all the power to the Prime Minister

D) Allows the Federal government to adopt policies for all provinces

177- Where are the Parliament buildings located?

A) Ottawa

B) Toronto

C) Vancouver

D) Quebec City

۱۷۸- در کانادا نمایندگان سیاسی (اعضای مجلس عوام و اعضای مجالس قانونگذاری استانی و منطقه ای) چگونه انتخاب می شوند؟

آنها منتخب مردم هستند

آنها توسط سناتورها انتخاب می شوند

آنها توسط نخست وزیر انتخاب می شوند

آنها توسط وزرای کابینه انتخاب می شوند

۱۷۹- کدام یک از موارد زیر بر عهده نماینده سیاسی (نمایندگان مجلس عوام و نمایندگان مجلس استانی و منطقه ای) نیست؟

تصویب قوانین

تصویب و نظارت بر هزینه ها

پاسخگو نگه داشتن دولت

وزرای کابینه را انتخاب کنید

178- In Canada, how are political representatives chosen (members of the House of Commons and members of the provincial and territorial legislatures)?

A) They are elected by the people

B) They are elected by the Senators

C) They are elected by the Prime Minister

D) They are elected by the Cabinet Ministers

179- Which one of the following is not a responsibility of a political representative (members of the House of Commons and members of the provincial and territorial legislatures)?

A) Passing laws

B) Approving and monitoring expenditures

C) Keeping the government accountable

D) Select the Cabinet Ministers

۱۸۰- حفظ «اعتماد مجلس» برای وزرای کابینه به چه معناست؟
وزرای کابینه در صورت شکست در رای عدم اعتماد باید استعفا دهند
وزرای کابینه باید با مجلس انگلیس سوگند وفاداری بگیرند
وزرای کابینه باید اعتماد مردم را حفظ کنند
مجلس عوام مسئولیت وزرای کابینه را بر عهده دارد

۱۸۱- سه قسمت مجلس کدامند؟
پلیس، سنا و مجلس عوام
حاکم، نخست وزیر و مجلس عوام
حاکم، سنا و مجلس پارلمان
حاکم، سنا و مجلس عوام

۱۸۲- وزرای کابینه را چه کسی انتخاب می کند؟
نخست وزیر
ملکه
سناتورها
مردم کانادا

180- What does it mean for the Cabinet Ministers to retain the "confidence of the House"?

A) Cabinet ministers have to resign if they are defeated in a non-confidence vote

B) Cabinet ministers must swear allegiance to the House of England

C) Cabinet ministers must retain the confidence of the people

D) The House of Commons is responsible for the Cabinet ministers

181- What are the three parts of Parliament?

A) Police, Senate and House of Commons

B) Sovereign, Premier and House of Commons

C) Sovereign, Senate and House of Parliament

D) Sovereign, Senate and House of Commons

182- Who selects the Cabinet Ministers?

A) The Prime Minister

B) The Queen

C) The Senators

D) The people of Canada

۱۸۳- نخست وزیر کانادا چه مسئولیتی دارد؟
مسائل مربوط به نگرانی ملی
آموزش، بهداشت و منابع طبیعی
عملیات و سیاست دولت
عملیات دولت

۱۸٤- مجلس عوام چیست؟
مجلس نمایندگان متشکل از نمایندگان مجلس
مجلس نمایندگان متشکل از سناتورها
اتاق نمایندگان متشکل از وزرای کابینه
اتاق نمایندگان متشکل از نمایندگان فدرال

۱۸۵- نمایندگان مجلس هر چند وقت یک بار انتخاب می شوند؟
دو سال
چهار سال
پنج سال
ده سال

183- For what is the Prime Minister of Canada responsible?

A) Matters of national concern

B) Education, health, and natural resources

C) The operations and policy of the government

D) The operations of the government

184- What is the "House of Commons"?

A) The representative chamber made up of members of Parliament

B) The representative chamber made up of Senators

C) The representative chamber made up of Cabinet Ministers

D) The representative chamber made up of Federal Deputies

185-How often are members of Parliament elected?

A) Two years

B) Four years

C) Five years

D) Ten years

۱۸٦- سناتورها چگونه تعیین می شوند؟
توسط نخست وزیر
توسط ملکه به توصیه نخست وزیر
آنها منتخب مردم هستند
توسط فرماندار کل به توصیه نخست وزیر

۱۸۷- چه کسانی پیشنهادات قوانین جدید را بررسی و بررسی می کنند؟
مجلس عوام و سنا
مجلس عوام
مجلس سنا
وزرای کابینه

۱۸۸- پیشنهاد قانون جدید چیست؟
یک قانون جدید
یک پیشنهاد قانونی
یک لایحه
یک پیش نویس قانون

186- How are Senators appointed?

A) By the Prime Minister

B) By the Queen on the advice of the Prime Minister

C) They are elected by the people

D) By the Governor General on the advice of the Prime Minister

187- Who considers and reviews proposals for new laws?

A) The House of Commons and the Senate

B) The House of Commons

C) The Senate

D) The Cabinet Ministers

188- What is a proposal for a new law called?

A) A new law

B) A law proposal

C) A bill

D) A draft law

۱۸۹- چگونه یک لایحه در کانادا تبدیل به قانون می شود؟
از مجلس عوام گذشت و موافقت سلطنتی را دریافت کرد
از هر دو اتاق عبور می کند و موافقت سلطنتی را دریافت می کند
سنا تصویب کرد و موافقت سلطنتی را دریافت کرد
مردم به قانون رای می دهند

۱۹۰- برای تبدیل شدن یک لایحه به قانون چند قرائت باید طی شود؟
یکی
دو
سه
هیچکدام

۱۹۱- کانادا چه شکلی از حکومت دارد؟
سلطنت مشروطه
سلطنت
جمهوری
خودکامگی

189- How can a bill become a law in Canada?

A) It passed by the House of Common and receives royal assent

B) It is passed by both chambers and receives royal assent

C) It passed by Senate and receives royal assent

D) The people vote in favour of the law

190- For a bill to become a law, how many readings must it go through?

A) One

B) Two

C) Three

D) None

191- What form of government does Canada have?

A) Constitutional Monarchy

B) Monarchy

C) Republic

D) Autocracy

۱۹۲- رئیس دولت کانادا کیست؟
نخست وزیر
ملکه
سناتورها
فرماندار کل

۱۹۳- حاکمیت ارثی چیست؟
یک ملکه یا یک پادشاه
یک نخست وزیر
یک فرماندار کل
یک سناتور

۱۹٤- سلطنت مشروطه به چه معناست؟
مسئولیت های دولت فدرال و استانی بر اساس قانون اساسی است
حاکم (ملکه یا پادشاه) از حقوق قانونی برای وضع قوانین در کانادا برخوردار است
.رئیس دولت کانادا یک حاکم ارثی (ملکه یا پادشاه) است
آزادی بیان و تحرک

192- Who is Canada's Head of State?

A) The Prime Minister

B) The Queen

C) The Senators

D) The Governor General

193- What is a "hereditary Sovereign"?

A) A Queen or a King

B) A Prime Minister

C) A Governor General

D) A Senator

194- What does "constitutional monarchy" mean?

A) The responsibilities of the federal and provincial governments are constitutional

B) The Sovereign (Queen or King) has the constitutional rights to make laws in Canada

C) Canada's Head of State is a hereditary Sovereign (Queen or King)

D) Freedom of speech and mobility

۱۹۵- رئیس دولت کانادا چگونه سلطنت می کند؟
فقط مطابق قانون اساسی بریتانیا
مطابق با قانون اساسی: حاکمیت قانون
با تصمیم گیری به تنهایی
با اداره مستقیم کشور

۱۹۶- چه چیزی می تواند نقش ملکه را در کانادا به بهترین نحو توصیف کند؟
ملکه نماد حاکمیت کانادا و حافظ آزادی های قانون اساسی است
ملکه باید تمام تصمیمات دولت را تایید کند
ملکه تمام وزیران کابینه و نخست وزیران را منصوب می کند
ملکه نماد شهروندی کانادا و حقوق تحرک است

195- How does Canada's Head of State reign?

A) In accordance with the British Constitution only

B) In accordance with the Constitution: the rule of law

C) By making decision alone

D) By directly governing the country

196- What would best describe the role of the Queen in Canada?

A) The Queen is a symbol of Canadian sovereignty and a guardian of constitutional freedoms

B) The Queen must approve all government decisions

C) The Queen appoints all Cabinet Ministers and Prime Ministers

D) The Queen is a symbol of Canadian citizenship and mobility rights

۱۹۷- کانادا به چند کشور مشترک المنافع دیگر مرتبط است؟

۱۲

۴۹

۶

۵۳

۱۹۸- رئیس دولت کانادا کیست؟

ملکه

نخست وزیر

مجلس عوام

مردم

۱۹۹- تفاوت رئیس دولت با رئیس دولت چیست؟

رئیس دولت در واقع اداره کشور را هدایت می کند

رئیس دولت عملاً اداره کشور را هدایت نمی کند

رئیس دولت باید همه تصمیمات دولت را تایید کند

رئیس دولت رئیس دولت را منصوب می کند

197- To how many other Commonwealth nations is Canada linked?

A) 12

B) 49

C) 6

D) 53

198- Who is Canada's head of government?

A) The Queen

B) The Prime Minister

C) The House of Commons

D) The people

199- What is the difference between the Head of State and the Head of Government?

A) The Head of Government actually directs the governing of the country

B) The Head of Government doesn't actually direct the governing of the country

C) The Head of State must approve all government decisions

D) The Head of State appoints the Head of Government

۲۰۰- حاکمیت در کانادا توسط چه کسی نمایندگی می شود؟

فرماندار کل

نخست وزیر

معاون فرماندار

هیچکس

۲۰۱- فرماندار کل چگونه انتخاب می شود؟

به توصیه نخست وزیر توسط حاکمیت منصوب می شود

توسط نخست وزیر منصوب شد

منتخب مردم

منتخب مجلس عوام

۲۰۲- به نماینده ملکه در استان ها چه می گویید؟

برتر

عضو پارلمان

سناتور

معاون فرماندار

200- Who is the Sovereign represented by in Canada?

A) The Governor General

B) The Prime Minister

C) The Lieutenant Governor

D) Nobody

201- How is the Governor General chosen?

A) Appointed by the Sovereign on the advice of the Prime Minister

B) Appointed by the Prime Minister

C) Elected by the people

D) Elected by the House of Commons

202- What do you call the Queen's representative in the provinces?

A) Premier

B) Member of Parliament

C) Senator

D) Lieutenant Governor

۲۰۳- ستوان فرماندار چگونه انتخاب می شود؟
به توصیه نخست وزیر توسط حاکمیت منصوب می شود
توسط نخست وزیر منصوب شد
توسط فرماندار کل منصوب شد
توسط فرماندار کل به توصیه نخست وزیر منصوب می شود

۲۰٤- سه قوه دولت کانادا کدامند؟
مجریه، مقننه و سلطنت
سنا، قانونگذاری و قضایی
اجرایی، فدرال و قضایی
مجریه، مقننه و قضائیه

۲۰۵- کانادایی ها در انتخابات فدرال به چه چیزی رای می دهند؟
فرماندار کل آنها می خواهند نماینده آنها در کانادا باشد
افرادی که می خواهند نماینده آنها در مجلس عوام باشند
فردی که می تواند نخست وزیر کانادا شود
همه نامزدها در انتخابات خود ناحیه

203- How is the Lieutenant Governor chosen?

A) Appointed by the Sovereign on the advice of the Prime Minister

B) Appointed by the Prime Minister

C) Appointed by the Governor General

D) Appointed by the Governor General on the advice of the Prime Minister

204- What are the three branches of Canadian government?

A) Executive, Legislative and Monarchy

B) Senate, Legislative and Judicial

C) Executive, Federal and Judicial

D) Executive, Legislative and Judicial

205- What do Canadians vote for in a federal election?

A) The Governor General they want to represent them in Canada

B) The people they want to represent them in the House of Commons

C) A person to become the Premier of Canada

D) All candidates in their electoral district

۲۰۶- «ام پی» در سیاست کانادا به چه معناست؟

عضو پارلمان

عضو سیاست

اربابان مجلس

وزرای مجالس

۲۰۷- انتخابات فدرال چه زمانی باید برگزار شود؟

هر چهار سال بعد از آخرین انتخابات عمومی

هر پنج سال بعد از آخرین انتخابات عمومی

به دستور ملکه

با دستور نخست وزیر

۲۰۸- کانادا به چند ناحیه انتخاباتی تقسیم شده است؟

۱۹۶

۳۰۸

۲۰۸

٤۰۲

206- What do the initials "MP" stand for in Canadian politics?

A) Member of Parliament

B) Member of Politics

C) Masters of Parliament

D) Ministers of Parliaments

207- When must federal elections be held?

A) Every four years following the most recent general election

B) Every five years following the most recent general election

C) By order of the Queen

D) By order of the Prime Minister

208- Into how many electoral districts is Canada divided?

A) 196

B) 308

C) 208

D) 402

۲۰۹- حوزه انتخاباتی چیست؟
ساختمانی که نظرسنجی در آن واقع شده است
یک منطقه جغرافیایی که توسط یک نماینده مجلس نمایندگی می شود
منطقه ای که انتخابات در آن برگزار می شود
اداره دولتی که برای رای دادن در آن ثبت نام می کنید
۲۱۰- شهروندان در هر حوزه انتخاباتی چه کسانی را انتخاب می کنند؟
عضو پارلمان
عضو سیاست
اربابان مجلس
وزرای مجالس
۲۱۱- چه کسانی حق دارند به عنوان نامزد در انتخابات فدرال شرکت کنند؟
شهروندان کانادایی که ۱۸ سال یا بیشتر دارند
شهروندان کانادایی و مهاجران زمینی
شهروندان کانادایی
شهروندان کانادایی که ۱٦ سال یا بیشتر دارند

209- What is an electoral district?

A) The building in which the voting poll is located

B) A geographical area represented by a member of Parliament

C) The area in which elections are held

D) The government office in which you register for voting

210- Who do the citizens in each electoral district elect?

A) Member of Parliament

B) Member of Politics

C) Masters of Parliament

D) Ministers of Parliaments

211- Who has the right to run as a candidate in federal elections?

A) Canadian citizens who are 18 years old or older

B) Canadian citizens and landed immigrants

C) Canadian citizens

D) Canadian citizens who are 16 years or older

۲۱۲- در سیاست کانادا به افرادی که نامزد انتخابات می شوند چه می گویند؟
الف) انتخاب کنندگان ج) سیاستمداران
ب) عضو د) نامزدها

۲۱۳- نمایندگان مجلس چگونه انتخاب می شوند؟
آنها توسط سازمان ملل منصوب می شوند
آنها توسط نخست وزیران استان انتخاب می شوند
آنها توسط رای دهندگان حوزه انتخابیه محلی خود انتخاب می شوند
آنها توسط مالکان و روسای پلیس انتخاب می شوند

۲۱٤- نماینده چه کسی نماینده مجلس است؟

شهروندان در حوزه انتخاباتی او و همچنین همه کانادایی ها

فقط شهروندان در حوزه انتخاباتی خود

دولت های استانی و منطقه ای

دادگاه های استان

212- In Canadian politics, what are the people who run for office called?

A) Electors

B) Member

C) Politicians

D) Candidates

213- How are members of Parliament chosen?

A) They are appointed by the United Nations

B) They are chosen by the provincial Premiers

C) They are elected by voters in their local constituency

D) They are elected by landowners and police chiefs

214- Who does a member of Parliament represent?

A) The citizens in his/her electoral district, as well as all Canadians

B) Only the citizens in his/her electoral district

C) The Provincial and Territorial governments

D) The Provincial Courts

۲۱۵- به افرادی که کاندیدای انتخابات می شوند چه می گویید؟

انتخابی

افسران

نامزدهای

وزیران

۲۱۶- در یک حوزه انتخاباتی کاندیداهای زیادی وجود دارد

درست است، واقعی

نادرست

۲۱۷- در انتخابات فدرال، در هر حوزه انتخاباتی، نامزدی که بیشترین رای را به دست آورد، چه کسی است؟

MLA

MPC

MPP

MNA

215-What do you call the people who run for office?

A) Electives

B) Officers

C) Candidates

D) Ministers

216- There can be many candidates in an electoral district

A) True

B) False

217-In a federal election, in each electoral district, what does the candidate who receives the most votes become?

A) The MLA

B) The MPC

C) The MPP

D) The MNA

۲۱۸- در یک حوزه انتخاباتی چند نامزد می تواند وجود داشته باشد؟
دو
سه
حداکثر پنج
زیاد
۲۱۹- چه کسانی در انتخابات فدرال حق رای دارند؟
یک شهروند کانادایی، حداقل ۱۸ سال سن در روز رای گیری و در لیست رای دهندگان
یک شهروند بزرگسال کانادایی
شهروندان بزرگسال کانادایی و مقیم دائم
شهروندان کانادایی در لیست رای دهندگان

۲۲۰- کدام یک از معیارهای زیر شما را واجد شرایط رای می کند؟
شما صاحب ملک در کانادا هستید
شما در لیست رای دهندگان هستید
شما دارای گواهینامه رانندگی معتبر کانادایی هستید
شما یک مهاجر زمینی هستید

218- How many candidates can there be in an electoral district?

A) Two

B) Three

C) A maximum of five

D) Many

219- Who has the right to vote in a federal election?

A) A Canadian citizen, at least 18 years old on voting day and on the voters' list

B) An adult Canadian citizen

C) Adult Canadian citizens and permanent residents

D) Canadian citizens on the voters' list

220- Which of the following criteria makes you eligible to vote?

A) You own a property in Canada

B) You are on the voters' list

C) You have a valid Canadian driving license

D) You are a landed immigrant

۲۲۱- کدام یک از موارد زیر توسط شهروندان غیر کانادایی مجاز نیست؟
در انتخابات فدرال یا استانی رای دهید
صاحب خانه
رفتن به دانشگاه
ماشین را برانید

۲۲۲- ثبت نام ملی انتخاب کنندگان چیست؟
پایگاه داده ای از شهروندان کانادایی ۱۸ ساله یا بیشتر که واجد شرایط رای دادن در انتخابات فدرال و همه پرسی هستند.
پایگاه داده ای از شهروندان کانادایی ۱۸ ساله یا بیشتر که واجد شرایط نامزدی در انتخابات فدرال هستند.
بانک اطلاعاتی از مهاجران ۱۸ ساله یا بیشتر که باید برای رای دادن در انتخابات فدرال و همه پرسی ثبت نام کنند.
بانک اطلاعاتی از مالیات دهندگانی که برای عضویت در هیئت منصفه انتخاب شدند

221- Which of the following is not allowed by a non-Canadian Citizen?

A) Vote in a federal or provincial election

B) Own a house

C) Go to University

D) Drive a car

222-What is the National Register of Electors?

A) A database of Canadian citizens 18 years of age or older who are qualified to vote in federal elections and referendums

B) A database of Canadian citizens 18 years of age or older who are qualified to run as a candidate in federal elections

C) A database of landed immigrants 18 years of age or older who have to register to vote in federal elections and referendums

D) A database of taxpayers who elected to serve on a jury

۲۲۳- نام نهادی که فهرست رای دهندگان را تهیه می کند چیست؟

رای دهندگان کانادا

انتخابات کانادا

انتخابی کانادا

رای دادن به کانادا

چگونه به انتخاب کنندگانی Elections Canada ۲۲٤- که نام آنها در فهرست ملی انتخاب کنندگان است کارت انتخابات را می دهد؟

تحویل درب

توسط ایمیل

انتخاب کنندگان باید کارت اطلاعات رای خود را از دفتر هیچ یک از موارد فوق (D انتخابات کانادا تحویل بگیرند

۲۲۵- کارت انتخاب شامل چه اطلاعاتی است؟

کی و کجا رای دادن

شماره تماس در صورت نیاز به مترجم یا سایر خدمات ویژه

زمان و مکان رای دادن و شماره تماس در صورت نیاز به مترجم یا سایر خدمات ویژه

نام انتخاب کننده

223- What is the name of the agency that produces the voters' list?

A) Voters Canada

B) Elections Canada

C) Electives Canada

D) Voting Canada

224- How does Elections Canada give the election card to the electors whose names are in the National Register of Electors?

A) Door delivery

B) By mail

C) Electors have to pick it up their voter information card at an Elections Canada's office

D) None of the above

225- What information does the Elector Card contain?

A) When and where to vote

B) The number to call if an interpreter or other special services are required

C) When and where to vote and the number to call if an interpreter or other special services are required

D) The elector's name

۲۲۶- در صورت عدم ثبت نام در فهرست ملی انتخاب کنندگان چه اتفاقی می افتد؟

همچنان می‌توانید در هر زمانی، از جمله روز انتخابات، به فهرست رأی‌دهندگان اضافه شوید

شما نمی توانید رای دهید

شما همچنان می توانید در هر زمانی به لیست رای دهندگان اضافه شوید، به استثنای روز انتخابات

شما همچنان می توانید به لیست رای دهندگان اضافه شوید اما فقط در روز انتخابات

۲۲۷- کانادایی ها چگونه رای می دهند؟

برخط

با رای علنی

با رای مخفی د) از طرف پست

۲۲۸- رای مخفی یعنی چه؟

هیچ کس نمی تواند رأی شما را تماشا کند و هیچ کس نباید به نحوه رأی دادن شما نگاه کند

هیچ کس نمی تواند رأی شما را تماشا کند، مگر مسئولان انتخابات

شما فقط می توانید رای خود را به یک نفر نشان دهید

شما نباید به کسی بگویید که به چه کسی رای داده اید

226- What happens if you are not listed in the National Register of Electors?

A) You can still be added to the voters' list at any time, including election day

B) You won't be able to vote

C) You can still be added to the voters' list at any time, excluding election day

D) You can still be added to the voters' list but only on election day

227- How do Canadians vote?

A) Online

B) By open ballot

C) By secret ballot

D) By mail

228- What does a vote by secret ballot mean?

A) No one can watch you vote and no one should look at how you voted

B) No one can watch you vote except the election officials

C) You can only show your ballot to one person

D) You must not tell anyone who you voted for

۲۲۹- چه کسی حق دارد اصرار کند که به آنها بگویید چگونه رای داده اید؟

اعضای خانواده شما

نمایندگان اتحادیه شما

کارفرمای شما

هیچ کس

۲۳۰- نتایج یک انتخابات در کانادا چگونه اعلام می شود؟

از رادیو اعلام شد

در رادیو، تلویزیون و روزنامه ها اعلام شد

در تلویزیون اعلام شد

در روزنامه اعلام شد

۲۳۱- بعد از انتخابات از طرف استاندار کل چه کسانی برای تشکیل دولت دعوت می شوند؟

رهبر حزب سیاسی با بیشترین کرسی در مجلس عوام

رهبری که تایید ملکه را دارد

رهبری که مستقیماً توسط کانادایی ها انتخاب شده است

اعضای مجلس

229- Who has the right to insist that you tell them how you voted?

A) Your family members

B) Your union representatives

C) Your employer

D) Nobody

230- How are the results of an election announced in Canada?

A) Announced on radio

B) Announced on radio, on television, and in the newspapers

C) Announced on television

D) Announced in the newspaper

231- After an election, who is invited by the Governor General to form the government?

A) The leader of the political party with the most seats in the House of Commons

B) The leader who has the approval of the Queen

C) The leader who has been directly elected by Canadians

D) The members of Parliament

۲۳۳- رهبر حزبی که بیشترین کرسی را در مجلس عوام دارد چه نام دارد؟

ملکه یا پادشاه

نخست وزیر

فرماندار

سناتور

www.toptenaward.org

۲۳٤- حکومت اکثریت چیست؟

حزب در قدرت که حداقل نیمی از کرسی های مجلس عوام را در اختیار دارد

حزب در قدرت که حداقل نیمی از کرسی های مجلس سنا را در اختیار دارد

حزب در قدرت که حداقل نیمی از کرسی های مجلس سنا و مجلس عوام را در اختیار دارد

حزب در قدرت که کمتر از نیمی از کرسی های مجلس عوام را در اختیار دارد

233- What is the leader of the party with the most seats in the House of Commons called?

A) Queen or King

B) Prime Minister

C) Governor General

D) Senator

www.toptenaward.org

234- What is a majority government?

A) The party in power that holds at least half of the seats in the House of Commons

B) The party in power that holds at least half of the seats in the Senate

C) The party in power that holds at least half of the seats in the Senate and the House of Commons

D) The party in power that holds less than half of the seats in the House of Commons

۲۳۵- حکومت اقلیت چیست؟
حزب در قدرت که کمتر از نیمی از کرسی های مجلس سنا را در اختیار دارد
حزب در قدرت که کمتر از نیمی از کرسی های مجلس عوام را در اختیار دارد
حزب در قدرت که کمتر از نیمی از کرسی های سنا و مجلس عوام را در اختیار دارد
حزب در قدرت که حداقل نیمی از کرسی های مجلس عوام را در اختیار دارد

۲۳۶- نخست وزیر و حزب حاکم دولت را اداره می کنندتا زمانی که از حمایت یا اعتماد اکثریت نمایندگان مجلس برخوردار باشند
تا زمانی که آنها در سلامت کامل باشند
تا زمانی که تایید ملکه را داشته باشند
تا زمانی که از حمایت سناتورها برخوردار باشند

235- What is a minority government?

A) The party in power that holds less than half of the seats in the Senate

B) The party in power that holds less than half of the seats in the House of Commons

C) The party in power that holds less than half of the seats in the Senate and the House of Commons

D) The party in power that holds at least half of the seats in the House of Commons

236-The Prime Minister and the party in power run the government:

A) As long as they have the support or confidence of the majority of the MPs

B) As long as they are in good health

C) As long as they have the approval of the Queen

D) As long as they have the support of the senators

۲۳۷- در کانادا چگونه می توان حزبی را که در قدرت است شکست داد؟

اگر اکثریت اعضای مجلس عوام به یک تصمیم مهم دولت رأی مثبت دهند

اگر ملکه به یک تصمیم بزرگ دولت رای دهد

اگر اکثریت اعضای مجلس عوام به یک تصمیم مهم دولت رای منفی دهند

در صورت استعفای استاندار

۲۳۸- معمولاً نتیجه شکست یک حزب در قدرت چیست؟

فرماندار کل به نمایندگی از حاکمیت از نخست وزیر می خواهد که انتخابات برگزار کند

نخست وزیر باید از حزب خود استعفا دهد

حزب مخالف به طور خودکار دولت را اداره می کند

نخست وزیر از فرماندار کل از طرف حاکمیت می خواهد که انتخاباتی را برگزار کند

237- In Canada, how can a party in power be defeated?

A) If a majority of the members of the House of Commons vote in favor of a major government decision

B) If the Queen votes against a major government decision

C) If a majority of the members of the House of Commons vote against a major government decision

D) If the Governor General resigns

238- What is usually the result of a party in power being defeated?

A) The Governor General asks the Prime Minister, on behalf of the Sovereign, to call an election

B) The Prime Minister must resign from his party

C) The opposition party automatically gets to run the government

D) the Prime Minister asks the Governor General, on behalf of the Sovereign, to call an election

۲۳۹- وزرای ولیعهد را چه کسی انتخاب می کند؟
ملکه
نخست وزیر
فرماندار کل
سناتورها

۲٤۰- وظایف وزرای کابینه چیست؟

آنها مسئول اداره ادارات دولت فدرال هستند

آنها مسئول اداره مجلس سنا هستند

آنها مسئول اداره مجلس عوام هستند

آنها مسئول اداره هر استان کانادا هستند

۲٤۱- هیأت وزیران به چه صورت است؟

نخست وزیر و وزرای کابینه

نخست وزیر و مجلس عوام

نخست وزیر و سناتورها

سنا و مجلس عوام

239- Who chooses the ministers of the Crown?

A) The Queen

B) The Prime Minister

C) The Governor General

D) The Senators

240- What is the responsibility of the Cabinet Ministers?

A) They are responsible for running the federal government departments

B) They are responsible for running the Senate

C) They are responsible for running the House of Commons

D) They are responsible for running each province of Canada

241- What forms the Cabinet?

A) The Prime Minister and the Cabinet ministers

B) The Prime Minister and the House of Commons

C) The Prime Minister and the Senators

D) The Senate and the House of Commons

۲۳۹- وزرای ولیعهد را چه کسی انتخاب می کند؟

ملکه

نخست وزیر

فرماندار کل

سناتورها

۲٤۰- وظایف وزرای کابینه چیست؟

آنها مسئول اداره ادارات دولت فدرال هستند

آنها مسئول اداره مجلس سنا هستند

آنها مسئول اداره مجلس عوام هستند

آنها مسئول اداره هر استان کانادا هستند

۲٤۱- هیأت وزیران به چه صورت است؟

نخست وزیر و وزرای کابینه

نخست وزیر و مجلس عوام

نخست وزیر و سناتورها

سنا و مجلس عوام

242- Who can question the decisions of the government?

A) The Senate only

B) Only certain members of the House of Commons

C) The Queen only

D) All members of the House of Commons

243- What are the responsibilities of the Cabinet?

A) International matters

B) Natural Resources

C) Prepare the budget and propose most new laws

D) Education

244- What is the opposition party with the most members of the House of Commons called?

A) the Official Opposition or Her Majesty's Loyal Opposition

B) The Outside Opposition or Her Majesty's Loyal Opposition

C) The Side Opposition

D) The Loyal Great Opposition

۲٤٥- احزابی که در قدرت نیستند چه نام دارند؟
مهمانی های بیرون
مهمانی های جانبی
احزاب بی قدرت د) احزاب مخالف

۲٤٦- نقش احزاب مخالف چیست؟
مخالفت مسالمت آمیز یا تلاش برای بهبود پیشنهادهای دولت
برای کمک به نخست وزیر
برای تصویب لوایح حزب رهبری
برای نوشتن صورتحساب

۲٤٧- نام سه حزب بزرگ سیاسی که در حال حاضر در مجلس عوام نمایندگی دارند چیست؟
الف) حزب محافظه کار، حزب لیبرال و حزب سلطنتی جدید
ب) حزب محافظه کار، حزب لیبرال و حزب دموکراتیک نو
ج) ائتلاف کبک، حزب محافظه کار و حزب لیبرال
د) حزب دموکراتیک جدید، حزب سلطنتی و ائتلاف فرانسه

245- What is the name of the parties that are not in power?

A) Outside parties

B) Side parties

C) Powerless parties D) Opposition parties

246- What is the role of opposition parties?

A) To peacefully oppose or try to improve government proposals

B) To help the Prime Minister

C) To approve the leader party's bills

D) To write bills

247- What are the names of the three major political parties currently represented in the House of Commons?

A) Conservative Party, Liberal Party and New Royal Party

B) Conservative Party, Liberal Party and New Democratic Party

C) Quebec Coalition, Conservative Party and Liberal Party

D) New Democratic Party, Royal Party, and French Coalition

۲٤۸- کارت اطلاعات رای دهنده چیست؟
کارتی که تایید می کند نام شما در لیست رای دهندگان قرار دارد و زمان و مکان رای شما را مشخص می کند
کارتی که از آن برای ثبت نام برای رای دادن استفاده می کنید
نامه ای که نحوه رای دادن را توضیح می دهد
لیستی با همه نامزدهای انتخابات

۲٤۹- کارت اطلاعات رای دهنده به چه کسانی تعلق می گیرد؟
انتخاب کنندگانی که صاحب خانه هستند
همه
انتخاب کنندگانی که اطلاعات آنها در فهرست ملی انتخاب کنندگان موجود است
انتخاب کنندگانی که ۱۸ سال یا بیشتر دارند

248- What is a voter information card?

A) A card that confirms that your name is on the voters' list and states when and where you vote

B) A card that you use to register for voting

C) A letter explaining how to vote

D) A list with all the election candidates

249- Who will receive a voter information card?

A) Electors who own a house

B) Everybody

C) Electors whose information is in the National Register of Electors

D) Electors who are 18 years or older

۲۵۰- در دوره انتخابات اگر کارت اطلاعات رای دهنده دریافت نکنید چه اتفاقی می افتد؟
شما نمی توانید رای دهید
شما فقط می توانید به صورت آنلاین رای دهید
شما باید با مجلس عوام در اتاوا تماس بگیرید تا مطمئن شوید که در لیست رای دهندگان هستید
شما باید با دفتر انتخابات محلی خود یا Elections Canada در اتاوا تماس بگیرید تا مطمئن شوید که در لیست رای دهندگان قرار دارید.

۲۵۱- اگر در روز انتخابات نتوانید یا نخواهید رای دهید چه اتفاقی می افتد؟
شما فقط می توانید در نظرسنجی های قبلی رای دهید
شما می توانید در رای گیری های قبلی یا با رای گیری ویژه رای دهید
فقط با رای گیری ویژه می توانید رای دهید
اصلا نمیتونی رای بدی

250- During an election period, what happens if you do not receive a voter information card?

A) You cannot vote

B) You can only vote online

C) You have to call the House of Commons in Ottawa to ensure that you are on the voters' list

D) You have to call your local elections office, or Elections Canada in Ottawa, to ensure that you are on the voters' list

251- What happens if you cannot or do not wish to vote on election day?

A) You can vote at the advance polls only

B) You can vote at the advance polls or by special ballot

C) You can vote by special ballot only

D) You cannot vote at all

۲۵۲- در روز انتخابات چه باید کرد؟
به شعبه رای خود بروید
هیچ چی
به نزدیکترین دفتر انتخابات کانادا بروید
فراخوان انتخابات کانادا

۲۵۳- در روز انتخابات چه چیزی را باید به شعبه اخذ رای بیاورید؟
کارت اطلاعات رای دهنده و مدرک هویت و آدرس شما
کارت اطلاعات رای دهندگان
یک تکه شناسایی
هیچ چیز

۲۵٤- در یک دوره انتخابات محل شعبه اخذ رای شما کجا مشخص شده است؟
در دفتر نماینده پارلمان محلی شما
در برگه رای شما
در کارت اطلاعات رای دهنده شما
برخط

252-What should you do on election day?

A) Go to your polling station

B) Nothing

C) Go to the nearest Election Canada's office

D) Call Elections Canada

253- On election day, what should you bring to the polling station?

A) The voter information card and proof of your identity and address

B) The voter information card

C) A piece of identification

D) Nothing

254- During an election period, where is the location of your polling station indicated?

A) In your local Member of Parliament's office

B) On your ballot

C) On your voter information card

D) Online

۲۵۵- در برگه رای انتخابات فدرال چه چیزی را علامت گذاری می کنید؟

«X» یک

نام نامزد

شماره نامزد

نام حزب

www.toptenaward.org

۲۵۶- در نظام قضایی کانادا «فرض برائت» چیست؟

تا زمانی که بی گناهی ثابت نشود همه مقصرند

همه بی گناه هستند تا زمانی که جرمشان ثابت شود

تا زمانی که بی گناهی ثابت نشود همه بی گناه هستند

همه مقصرند تا زمانی که جرمشان ثابت شود

255- What do you mark on a federal election ballot?

A) An "X"

B) The candidate's name

C) The candidate's number

D) The party's name

www.toptenaward.org

256- In the Canadian justice system, what is the "presumption of innocence"?

A) Everyone is guilty until proven innocent

B) Everyone is innocent until proven guilty

C) Everyone is innocent until proven innocent

D) Everyone is guilty until proven guilty

۲۵۷- در نظام دادگستری کانادا «روند رسیدگی» چیست؟
این اصل که دولت باید همه حقوق قانونی را که یک شخص از آن برخوردار است، رعایت کند، طبق قانون است
این اصل که دولت باید برخی از حقوق قانونی را برای یک شخص رعایت کند، طبق قانون است
این اصل که دولت قبل از محکوم کردن کسی باید یک فرآیند قضایی خاص را تکمیل کند
این اصل که دولت در برخورد با مجرمان روند خاص خود را دارد

۲۵۸- در کانادا قوانین چگونه وضع می شود؟
توسط مردم
توسط ملکه
توسط نخست وزیر
توسط نمایندگان منتخب

257- In the Canadian justice system, what is "due process"?

A) The principle that the government must respect all of legal rights a person is entitled to under the law

B) The principle that the government must respect certain legal rights a person is entitled under the law

C) The principle that the government must complete a particular judicial process before convicting anyone

D) The principle that the government has its own process when dealing with criminals

258- In Canada, how are the rules made?

A) By the people

B) By the Queen

C) By the Prime Minister

D) By elected representatives

۲۵۹- در کانادا قوانین مربوط به کدام دسته زیر نیست؟

قضات

سیاستمداران

پلیس

هیچ کدام از موارد بالا

۲۶۰- کدام یک از موارد زیر هدف قوانین کانادا نیست؟

ایجاد نظم در جامعه

راهی مسالمت آمیز برای حل و فصل اختلافات ارائه دهید

افراد بیشتری را به زندان بیاندازید

ارزش ها و اعتقادات کانادایی ها را بیان کنید

۲۶۱- دادگاه فدرال به چه مواردی رسیدگی می کند؟

مسائل مربوط به دولت فدرال

مسائل مربوط به دولت فدرال و استانی

مسائل مربوط به پلیس

مسائل مربوط به دفاع ملی

259- In Canada, to which following category do the laws not apply?

A) Judges

B) Politicians

C) Police

D) None of the above

260- Which of the following is not an objective of the laws in Canada?

A) Provide order in society

B) Provide a peaceful way to settle disputes

C) Put more people in jail

D) Express the values and beliefs of Canadians

261- What does the Federal Court deal with?

A) Matters concerning the federal government

B) Matters concerning the federal and provincial government

C) Matters concerning the police

D) Matters concerning National Defence

.۲٦۲- در کانادا، پلیس به شما کمک می کند
درست است، واقعی
نادرست

۲٦۳- نقش پلیس در کانادا چیست؟
برای حل اختلافات حقوقی
برای دفاع از مرزهای کانادا
Cبرای حفظ امنیت مردم و اجرای قانون
برای ارائه اطلاعات امنیت ملی به دولت فدرال

۲٦٤- در کدام یک از موارد زیر نمی توانید از پلیس کمک بخواهید؟
اونجا یک حادثه رخ داده
کسی چیزی را از شما دزدیده است
شما قربانی حمله هستید
لوله های آب شما نشتی دارد

262- In Canada, the police are there to help you.

A) True

B) False

263- What is the role of the police in Canada?

A) To resolve legal disputes

B) To defend Canadian borders

C) To keep people safe and to enforce the lawC

D) To provide National Security data to the Federal government

264- In which of the following situations can you not ask the police for help?

A) There has been an accident

B) Someone has stolen something from you

C) You are a victim of assault

D) Your water pipes are leaking

۲٦۵- کدام یک از موارد زیر بر عهده آر سی ام پی نیست؟
قوانین فدرال را در سراسر کانادا اجرا کنید
به عنوان پلیس شهری در تمام شهرهای بزرگ کانادا خدمت کنید
به عنوان پلیس استانی در تمام استان ها و مناطق به جز انتاریو و کبک خدمت کنید
به عنوان پلیس استان در برخی از شهرداری ها خدمت کنید

۲٦٦- در کدام استان آر سی ام پی به عنوان پلیس استان عمل نمی کند؟
انتاریو

کبک
انتاریو و کبک
مانیتوبا و آلبرتا

۲٦۷- در کانادا در صورت نیاز می توانید از پلیس در مورد خدمات یا رفتار آنها سوال کنید.
درست است، واقعی
نادرست

265- Which of the following is not a responsibility of the RCMP in Canada?

A) Enforce federal laws throughout Canada

B) Serve as municipal police in all major cities in Canada

C) Serve as the provincial police in all provinces and territories except Ontario and Quebec

D) Serve as the provincial police in some municipalities

266- In which province(s) does the RCMP not serve as the provincial police?

A) Ontario

B) Quebec

C) Ontario and Quebec

D) Manitoba and Alberta

267- In Canada, you can question the police about their service or conduct if you feel the need.

A) True

B) False

۲۶۸- کدام یک از موارد زیر دادگاه استانی نیست؟
دادگاه نیمکت ملکه
دادگاه دعاوی کوچک
دادگاه راهنمایی و رانندگی
دادگاه عالی

۲۶۹- از چه زمانی قرمز و سفید رنگ ملی کانادا بوده است؟
۱۹۶۵
۱۹۴۹
۱۹۲۱
۱۸۹۲

۲۷۰- اولین بار برگ افرا در کانادا چه زمانی به عنوان نماد پذیرفته شد؟
در دهه ۱۷۰۰
در دهه ۱۸۰۰
در دهه ۱۶۰۰
در دهه ۱۹۰۰

268- Which one of the following is not a provincial court?

A) Court of Queen's Bench

B) Small claims court

C) Traffic court

D) High court

269- Since when have red and white been the national colors of Canada?

A) 1965

B) 1949

C) 1921

D) 1892

270- When was the maple leaf first adopted as a symbol in Canada?

A) In the 1700s

B) In the 1800s

C) In the 1600s

D) In the 1900s

۲۷۱- «ای کانادا» از چه زمانی به عنوان سرود ملی اعلام شد؟

۱۸۶۷

۱۸۸۹

۱۹۸۰

۱۹٤۷

۲۷۲- کانادا از چه سالی سیستم افتخارات خود را راه اندازی کرد؟

۱۸۶۷

۱۸۸۹

۱۹۶۷

۱۹٤۷

۲۷۳- کانادایی ها چه زمانی روز ویکتوریا را جشن می گیرند؟

سه شنبه قبل از ۲۵ مه

دوشنبه قبل از ۲۵ ژوئن

دوشنبه قبل از ۲۵ می

سه شنبه قبل از ۲۵ ژوئن

271- When was "O Canada" proclaimed as the national anthem?

A) 1867

B) 1889

C) 1980

D) 1947

272- What year did Canada start its own honours system?

A) 1867

B) 1889

C) 1967

D) 1947

273- When do Canadians celebrate Victoria Day?

A) Tuesday preceding May 25th

B) Monday preceding June 25th

C) Monday preceding May 25th

D) Tuesday preceding June 25th

۲۷٤- کانادایی ها چه زمانی روز یادبود را جشن می گیرند؟

۱۱ نوامبر

۲۱ نوامبر

۱۱ اکتبر

۱۱ سپتامبر

۲۷۵- قرارداد نفتا چیست؟

تجارت آزاد بین کانادا، ایالات متحده و مکزیک

تجارت آزاد بین کانادا، ایالات متحده و اروپا

تجارت آزاد بین کانادا، ایالات متحده و بریتانیا

تجارت آزاد بین کانادا، اروپا و مکزیک

۲۷۶- اقتصاد کانادا در بین اقتصادهای برتر قرار دارد:

۵

۱۰

۲۰

۳

274- When do Canadians celebrate Remembrance Day?

A) November 11th

B) November 21st

C) October 11th

D) September 11th

275- What is the NAFTA agreement?

A) Free trade between Canada, the United States and Mexico

B) Free trade between Canada, the United States and Europe

C) Free trade between Canada, the United States and the United Kingdom

D) Free trade between Canada, the Europe and Mexico

276- Canada's economy is among the top:

A) 5

B) 10

C) 20

D) 3

۲۷۷- امروزه کانادایی ها بیشتر در چه زمینه ای کار می کنند؟
صنایع تولیدی
صنایع منابع طبیعی
صنایع کشاورزی
صنایع خدماتی

۲۷۸- کدام صنایع نقش مهمی در داستان و توسعه کانادا داشته اند؟
صنایع تولیدی
صنایع خدماتی
صنایع منابع طبیعی
صنایع بازرگانی

۲۷۹- بزرگترین شریک تجاری بین المللی کانادا کیست؟
ایالات متحده
مکزیک
اروپا
چین

277- In what area do Canadians mostly work nowadays?

A) Manufacturing industries

B) Natural resources industries

C) Farming industries

D) Service Industries

278- Which industries have played an important part in Canada's story and development?

A) Manufacturing industries

B) Service industries

C) Natural resources industries

D) Trading industries

279- Who is Canada's largest international trading partner?

A) United States

B) Mexico

C) Europe

D) China

۲۸۰- چه چیزی به عنوان «طولانی ترین مرز بدون دفاع جهان» شناخته می شود؟

هر دو سواحل اقیانوس اطلس و اقیانوس آرام کانادا

مرز مکزیک و آمریکا

مرز کانادا و ایالات متحده آمریکا

دیوار بزرگ چین

۲۸۱- کدام یک از عبارات زیر در مورد کانادا-آمریکا نادرست است. ارتباط؟

آنها بزرگترین روابط تجاری دوجانبه در جهان را دارند

.کانادا تقریبا هیچ کالایی به ایالات متحده صادر نمی کند

آنها طولانی ترین مرز بدون دفاع جهان را دارند

میلیون ها کانادایی و آمریکایی هر ساله از کانادا - ایالات متحده عبور می کنند. مرز

280- What is traditionally known as "the world's longest undefended border"?

A) Both Canadian Atlantic and Pacific coasts

B) Mexico-U.S.A border

C) Canada-U.S.A border

D) The Great Wall of China

281- Which of the following statements is false about the Canada-U.S.A. relationship?

A) They have the biggest bilateral trading relationship in the world

B) Canada exports almost no goods to the U.S.A.

C) They have the world's longest undefended border

D) Millions of Canadians and Americans cross every year the Canada-U.S.A. border

۲۸۲- کدام کشورهای زیر بخشی از جی ۸ هستند؟
ایالات متحده، آلمان، انگلستان، ایتالیا، فرانسه، کانادا، چین و روسیه
ایالات متحده، آلمان، بریتانیا، ژاپن، کانادا، روسیه، فرانسه و چین
ایالات متحده، بریتانیا، ژاپن، کانادا، استرالیا، روسیه، فرانسه و چین
ایالات متحده، آلمان، انگلستان، ایتالیا، فرانسه، ژاپن، کانادا و روسیه

۲۸۳- حمل و نقل، آموزش، بهداشت، ساختمان، بانک، ارتباطات، خدمات خرده فروشی، گردشگری و دولتی متعلق به کدام صنایع است؟
صنایع تولیدی
صنایع منابع طبیعی
صنایع خدماتی
صنایع بازرگانی

282- Which following countries are part of the G8?

A) United States, Germany, the United Kingdom, Italy, France, Canada, China and Russia

B) United States, Germany, the United Kingdom, Japan, Canada, Russia, France and China

C) United States, the United Kingdom, Japan, Canada, Australia, Russia, France and China

D) United States, Germany, the United Kingdom, Italy, France, Japan, Canada and Russia

283- To which industries do transportation, education, health care, construction, banking, communications, retail services, tourism and government belong to?

A) Manufacturing industries

B) Natural resources industries

C) Service industries

D) Trading Industries

۲۸٤- محصولاتی مانند کاغذ، تجهیزات با فناوری پیشرفته، فناوری هوافضا، خودرو، ماشین آلات، مواد غذایی و پوشاک متعلق به کدام صنایع است؟

صنایع خدماتی

صنایع تولیدی

صنایع منابع طبیعی

صنایع بازرگانی

۲۸۵- جنگلداری، ماهیگیری، کشاورزی، معدن و انرژی متعلق به کدام صنایع است؟

صنایع خدماتی

صنایع تولیدی

صنایع بازرگانی

صنایع منابع طبیعی

284- To which industries do products such as paper, high technology equipment, aerospace technology, automobiles, machinery, food and clothing belong to?

A) Service industries

B) Manufacturing industries

C) Natural resources industries

D) Trading Industries

285- To which industries do forestry, fishing, agriculture, mining and energy belong to?

A) Service industries

B) Manufacturing industries

C) Trading Industries

D) Natural resources industries

۲۸٦- مناطق کانادا کدامند؟

استان‌های آتلانتیک، کانادا مرکزی، استان‌های پریری، ساحل غربی و سرزمین‌های شمالی

استان های جنوبی، شمال کانادا، استان های غربی، استان های شرقی و مناطق مرکزی

استان های انتاریو، کبک، پریری و مرکز کانادا

استان‌های اقیانوس اطلس، مرکز کانادا، استان‌های پریری و ساحل غربی

۲۸۷- چه کسی اتاوا را به عنوان پایتخت کانادا انتخاب کرد؟

ملکه الیزابت دوم

ملکه الیزابت اول

ملکه آن

ملکه ویکتوریا

286- What are the regions of Canada?

A) Atlantic Provinces, Central Canada, Prairie Provinces, West Coast and Northern Territories

B) South Provinces, Northern Canada, West Provinces, East Provinces, and Central Territories

C) Ontario, Quebec, Prairie Provinces and Central Canada

D) Atlantic Provinces, Central Canada, Prairie Provinces, and West Coast

287- Who chose Ottawa as the capital of Canada?

A) Queen Elizabeth II

B) Queen Elizabeth I

C) Queen Anne

D) Queen Victoria

۲۸۸- کدام یک از استان های زیر اقیانوس اطلس است؟

انتاریو، نوا اسکوشیا، نیوبرانزویک و لابرادور

نیوفاندلند، نوا اسکوشیا، نیوبرانزویک و کبک

نیوفاندلند و لابرادور، جزیره پرنس ادوارد، نیوبرانزویک و کبک

نیوفاندلند و لابرادور، نوا اسکوشیا، نیوبرانزویک و جزیره پرنس ادوارد

۲۸۹- کدام یک از موارد زیر از استان های ساحل غربی است؟

نوناووت

نوا اسکوشیا

بریتیش کلمبیا آلبرتا

۲۹۰- کدام یک از موارد زیر شمال کانادا را تعریف می کند؟

نوناووت، مناطق شمال غربی و یوکان

مناطق نوناووت و شمال غربی

مناطق شمال غربی و یوکان

نوناووت، مناطق شمال غربی و نیوفاندلند

288- Which of the following are Atlantic Provinces?

A) Ontario, Nova Scotia, New Brunswick and Labrador

B) Newfoundland, Nova Scotia, New Brunswick and Quebec

C) Newfoundland and Labrador, Prince Edward Island, New Brunswick and Quebec

D) Newfoundland and Labrador, Nova Scotia, New Brunswick and Prince Edward Island

289- Which of the following is a West Coast Province?

A) Nunavut

B) Nova Scotia

C) British Columbia D) Alberta

290- Which of the following defines Northern Canada?

A) Nunavut, Northwest Territories and Yukon

B) Nunavut and Northwest Territories

C) Northwest Territories and Yukon

D) Nunavut, Northwest Territories and Newfoundland

۲۹۱- پایتخت نوا اسکوشیا چیست؟
شارلوت تاون
سنت جان
فردریکتون
هالیفاکس

۲۹۲- پایتخت نیوبرانزویک چیست؟
هالیفاکس
فردریکتون
وینیپگ
رجینا

۲۹۳- پایتخت انتاریو چیست؟
اتاوا
تورنتو
کینگستون
میسیساگا

291- What is the capital of Nova Scotia?

A) Charlottetown

B) St. John's

C) Fredericton

D) Halifax

292- What is the capital of New Brunswick?

A) Halifax

B) Fredericton

C) Winnipeg

D) Regina

293- What is the capital of Ontario?

A) Ottawa

B) Toronto

C) Kingston

D) Mississauga

۲۹٤- پایتخت مانیتوبا چیست؟

رجینا

ادمونتون

وینیپگ

کلگری

۲۹۵- پایتخت بریتیش کلمبیا کدام است؟

ونکوور

ویکتوریا

کلگری

ادمونتون

۲۹٦- پایتخت نوناووت چیست؟

زرد نایف

اینویت

ادمونتون

ایکالویت

294- What is the capital of Manitoba?

A) Regina

B) Edmonton

C) Winnipeg

D) Calgary

295- What is the capital of British Columbia?

A) Vancouver

B) Victoria

C) Calgary

D) Edmonton

296- What is the capital of Nunavut?

A) Yellowknife

B) Inuit

C) Edmonton

D) Iqaluit

۷- پایتخت نواحی شمال غربی کدام است؟

اسب سفید

ادمونتون

زرد نایف

ایکالویت

۲۹۸- کدام یک از موارد زیر با آلبرتا هم مرز نیست؟

بریتیش کلمبیا

مانیتوبا

ساسکاچوان

سرزمینهای شمال غربی

۲۹۹- کدام یک از موارد زیر با یوکان هم مرز نیست؟

اقیانوس قطب شمال

سرزمینهای شمال غربی

بریتیش کلمبیا

آلبرتا

297- What is the capital of the Northwest Territories?

A) Whitehorse

B) Edmonton

C) Yellowknife

D) Iqaluit

298- Which of the following does not border Alberta?

A) British Columbia

B) Manitoba

C) Saskatchewan

D) Northwest Territories

299- Which of the following does not border the Yukon?

A) Arctic Ocean

B) Northwest Territories

C) British Columbia

D) Alberta

۳۰۰- کدام یک از موارد زیر با نوناووت مرز ندارد؟

اقیانوس منجمد شمالی

مناطق شمال غربی

مانیتوبا

انتاریو

۳۰۱- کدام یک از موارد زیر با ساسکاچوان مرز ندارد؟

ایالات متحده آمریکا

آلبرتا

مانیتوبا

بریتیش کلمبیا

۳۰۲- کدام یک از موارد زیر با مانیتوبا مرز ندارد؟

کبک

ساسکاچوان

انتاریو

ایالات متحده آمریکا

300- Which of the following does not border Nunavut?

A) Arctic Ocean

B) Northwest Territories

C) Manitoba

D) Ontario

301- Which of the following does not border Saskatchewan?

A) U.S.A.

B) Alberta

C) Manitoba

D) British Columbia

302- Which of the following does not border Manitoba?

A) Quebec

B) Saskatchewan

C) Ontario

D) U.S.A.

۳۰۳- کدام یک از موارد زیر با انتاریو مرز ندارد؟

نوا اسکوشیا

مانیتوبا

کبک

خلیج هادسون

۳۰٤- کدام یک از موارد زیر با کبک مرز ندارد؟

انتاریو

نیوبرانزویک

نوا اسکوشیا

اقیانوس اطلس

۳۰۵- کدام یک از موارد زیر با نوا اسکوشیا هم مرز است؟

نیوبرانزویک

کبک

جزیره پرنس ادوارد

انتاریو

303- Which of the following does not border Ontario?

A) Nova Scotia

B) Manitoba

C) Quebec

D) Hudson Bay

304- Which of the following does not border Quebec?

A) Ontario

B) New Brunswick

C) Nova Scotia

D) Atlantic Ocean

305- Which of the following borders Nova Scotia?

A) New Brunswick

B) Quebec

C) Prince Edward Island

D) Ontario

۳۰٦- کدام یک از استانها/ قلمروهای زیر با اقیانوس آرام هم مرز است؟

کبک

بریتیش کلمبیا

مناطق شمال غربی

آلبرتا

۳۰۷- کدام یک از استانها/ قلمروهای زیر با آمریکا هم مرز نیست؟

کبک

بریتیش کلمبیا

نوناووت

آلبرتا

۳۰۸- کدام یک از استانها/ قلمروهای زیر مرز با اقیانوس اطلس؟

نیوفاندلند و لابرادور

بریتیش کلمبیا

ساسکاچوان

آلبرتا

306- Which of the following provinces/territories borders the Pacific Ocean?

A) Quebec

B) British Columbia

C) Northwest Territories

D) Alberta

307- Which of the following provinces/territories does not border the U.S.A.?

A) Quebec

B) British Columbia

C) Nunavut

D) Alberta

308- Which of the following provinces/territories borders with the Atlantic Ocean?

A) Newfoundland and Labrador

B) British Columbia

C) Saskatchewan

D) Alberta

۳۰۹- شرقی ترین نقطه آمریکای شمال کجاست ؟
جزیره پرنس ادوارد
نوا اسکوشیا
نیوبرانزویک
نیوفاندلند و لابرادور

۳۱۰- کدام استان منطقه زمانی خاص خود را دارد؟
نوناووت
یوکان
نیوفاندلند و لابرادور
جزیره پرنس ادوارد

۳۱۱- قدیمی ترین مستعمره امپراتوری انگلیس کدام است
جزیره پرنس ادوارد
نیوفاندلند و لابرادور
نوا اسکوشیا
نیوبرانزویک

309- What is the most easterly point in North America?

A) Prince Edward Island

B) Nova Scotia

C) New Brunswick

D) Newfoundland and Labrador

310- Which province has its own time zone?

A) Nunavut

B) Yukon

C) Newfoundland and Labrador

D) Prince Edward Island

311- What is the oldest colony of the British Empire?

A) Prince Edward Island

B) Newfoundland and Labrador

C) Nova Scotia

D) New Brunswick

۳۱۲- کدام استان از دیرباز به ماهیگیری آن، دهکده های ماهیگیری ساحلی و فرهنگ متمایز شهرت دارد؟

نیوفاندلند و لابرادور

نوا اسکوشیا

نیوبرانزویک

بریتیش کلمبیا

۳۱۳- مخفف پی ای آی کدام است؟

جزیره پرنس ادوارد

جزیره پرنس ادموند

جزیره پورت ادوارد

جزیره پرنس ادگار

۳۱٤- کوچکترین استان کانادا کدام است؟

نوناووت

جزیره پرنس ادوارد

ساسکاچوان

نوا اسکوشیا

312- Which province has long been known for its fisheries, coastal fishing villages and distinct culture?

A) Newfoundland and Labrador

B) Nova Scotia

C) New Brunswick

D) British Columbia

313- What does P.E.I. stand for?

A) Prince Edward Island

B) Prince Edmond Island

C) Port Edward Island

D) Prince Edgar Island

314- What is Canada's smallest province?

A) Nunavut

B) Prince Edward Island

C) Saskatchewan

D) Nova Scotia

۳۱۵- زادگاه کنفدراسیون چیست؟
انتاریو
کبک
نوا اسکوشیا
جزیره پرنس ادوارد

۳۱۶- در کانادا، کجا می توانید یکی از آنها را پیدا کنید
طولانی ترین پل های چند دهانه پیوسته در
دنیا؟
جزیره پرنس ادوارد
کبک
نوا اسکوشیا
انتاریو

۳۱۷- در کانادا کجا می توانید سلتیک و سنت های گالیک؟
نیوفاندلند و لابرادور
ساسکاچوان
نوا اسکوشیا
جزیره پرنس ادوارد

315- What is known as the birthplace of Confederation?

A) Ontario

B) Quebec

C) Nova Scotia

D) Prince Edward Island

316- In Canada, where can you find one of the longest continuous multispan bridges in the world?

A) Prince Edward Island

B) Quebec

C) Nova Scotia

D) Ontario

317- In Canada, where can you find Celtic and Gaelic traditions?

A) Newfoundland and Labrador

B) Saskatchewan

C) Nova Scotia

D) Prince Edward Island

۳۱۸-بزرگترین پایگاه دریایی کانادا کجاست؟
نوا اسکوشیا
ونکوور
نیوبرانزویک
انتاریو

۳۱۹- بزرگترین بندر ساحل شرقی کانادا کجاست؟
شارلوت تاون
سنت جان
هالیفاکس
فردریکتون

۳۲۰- در کانادا، کجا می توانید بالاترین جزر و مد جهان را پیدا کنید
جزیره پرنس ادوارد
کبک
نوا اسکوشیا
بریتیش کلمبیا

318-Where is Canada's largest naval base?

A) Nova Scotia

B) Vancouver

C) New Brunswick

D) Ontario

319- Where is Canada's largest east coast port?

A) Charlottetown

B) St. John's

C) Halifax

D) Fredericton

320- In Canada, where can you find the world's highest tides?

A) Prince Edward Island

B) Quebec

C) Nova Scotia

D) British Columbia

۳۲۱- کدام استان دومین بزرگترین سیستم رودخانه ای در خط ساحلی اقیانوس اطلس آمریکای شمالی؟
کبک
نوا اسکوشیا
نیوبرانزویک
نیوفاندلند و لابرادور

۳۲۲-فرانکوفون اصلی مرکز آکادیان در کانادا در کدام شهر است
مونکتون
شهر کبک
مونترال
شارلوت تاون

۳۲۳- کدام استان تنها استان دو زبانه رسمی است؟
کبک
نیوبرانزویک
نوا اسکوشیا
انتاریو

321- Which province has the second largest river system on North America's Atlantic coastline?

A) Quebec

B) Nova Scotia

C) New Brunswick

D) Newfoundland and Labrador

322- Which city is the principal Francophone Acadian centre in Canada?

A) Moncton

B) Quebec City

C) Montreal

D) Charlottetown

323- Which province is the only officially bilingual province?

A) Quebec

B) New Brunswick

C) Nova Scotia

D) Ontario

۳۲٤- کجا در کانادا بیش از نیمی از مردم زندگی می کنند؟
کانادا مرکزی
استان های اقیانوس اطلس
استان های دشتی
ساحل غربی

۳۲۵- آنچه به عنوان صنعتی کانادا و هارتلند تولیدی؟

انتاریو

آلبرتا

کبک

انتاریو جنوبی و کبک

۳۲٦- جایی که بیش از سه چهارم همه کالاهای تولید شده در کانادا تولید می شود؟
کبک
انتاریو
کبک و انتاریو
انتاریو و منیتوبا

324- In Canada, where do more than half of the people live?

A) Central Canada

B) Atlantic provinces

C) Prairie provinces

D) West Coast

325- What is known as Canada's industrial and manufacturing heartland?

A) Ontario

B) Alberta

C) Quebec

D) Southern Ontario and Quebec

326- Where are more than three quarters of all Canadian manufactured goods produced?

A) Quebec

B) Ontario

C) Quebec and Ontario

D) Ontario and Manitoba

۳۲۷- در کبک که اکثریت قریب به اتفاق مردم زندگی می کنند؟
در امتداد یا نزدیک رودخانه سنت لارنس
در ساحل اقیانوس اطلس
در مرز انتاریو
.در مرز با ایالات متحده آمریکا

۳۲۸- در کبک چند نفر فرانسوی صحبت می کنند به عنوان زبان اول آنها؟
کمتر از نصف
حدود یک سوم
بیش از سه چهارم
%۱۰۰
۳۲۹- تولید کننده اصلی کانادا کدام استان است از خمیر و کاغذ؟
نیوبرانزویک
انتاریو
بریتیش کلمبیا
کبک

327- In Quebec, where do the vast majority of people live?

A) Along or near the St. Lawrence River

B) On the Atlantic Coast

C) At the border with Ontario

D) At the border with the U.S.A.

328- In Quebec, how many people speak French as their first language?

A) Less than half

B) About one-third

C) More than three-quarters

D) 100%

329- Which province is Canada's main producer of pulp and paper?

A) New Brunswick

B) Ontario

C) British Columbia

D) Quebec

۳۳۰- کدام استان بزرگترین تولید کننده برق آبی کانادا است
انتاریو
کبک
بریتیش کلمبیا
مانیتوبا

۳۳۱- «فرانکوفونی» چیست؟
یک موسیقی سنتی فرانسوی
منطقه ای در کبک
یک حزب سیاسی فرانسوی-کانادایی
انجمنی از ملل فرانسوی زبان

۳۳۲- کدام یک از موارد زیر دومین کشور کانادا است
بزرگترین شهر؟
تورنتو
ونکوور
مونترال
اتاوا

330- Which province is Canada's largest producer of hydroelectricity?

A) Ontario

B) Quebec

C) British Columbia

D) Manitoba

331- What is "La Francophonie"?

A) A traditional French music

B) A region in Quebec

C) A French-Canadian political party

D) An association of French-speaking nations

332- Which of the following is Canada's second largest city?

A) Toronto

B) Vancouver

C) Montreal

D) Ottawa

۳۳۳- عمدتاً دومین بزرگترین شهر فرانسوی زبان دنیا، بعد از پاریس؟
شهر کبک
مونترال
اتاوا
هالیفاکس

۳۳٤- یک سوم کانادایی ها کجا زندگی می کنند؟
بریتیش کلمبیا
کبک
نوا اسکوشیا
انتاریو

۳۳۵- کدام یک از موارد زیر اصلی ترین مرکز مالی و بزرگترین شهر؟کشور کانادا است
تورنتو
ونکوور
مونترال
اتاوا

333- What is Canada's second largest, mainly French-speaking city in the world, after Paris?

A) Quebec City

B) Montreal

C) Ottawa

D) Halifax

334- Where do one-third of Canadians live?

A) British Colombia

B) Quebec

C) Nova Scotia

D) Ontario

335-Which of the following is Canada's main financial centre and largest city?

A) Toronto

B) Vancouver

C) Montreal

D) Ottawa

۳۳۶- کدام سه صنعت مهم اقتصاد نوا اسکوشیا امروز؟
.شیلات، کشتی سازی و جنگلداری
.جنگلداری، معدن و گردشگری
.معدن زغال سنگ، جنگلداری و کشاورزی
.جهانگردی، فیلم و کشتی سازی

۳۳۷- چند کانادایی جایزه گرفته اند
بالاترین افتخار ،(.V.C) صلیب ویکتوریا
در دسترس کانادایی ها؟
.۵۶
.۹۶
.۱۰۲۴
.۴۲

۳۳۸- مجلس سه قسمت است؟
.حاکم، فرماندار کل و نخست وزیر
.مجلس عوام، قوه مقننه مجلس و سنا
.ملکه، مجلس تشریع و مجلس سنا
ملکه، مجلس عوام و سنا

336- What three industries are important to Nova Scotia's economy today?

A) Fisheries, shipbuilding and forestry.

B) Forestry, mining and tourism.

C) Coal mining, forestry and agriculture.

D) Tourism, movies and shipbuilding.

337- How many Canadians have been awarded the Victoria Cross (V.C.), the highest honour available to Canadians?

A) 56.

B) 96.

C) 1,024.

D) 42.

338- What are the three parts of Parliament?

A) The Sovereign, Governor General and Prime Minister.

B) The House of Commons, the Legislative Assembly and the Senate.

C) The Queen, the Legislative Assembly and the Senate.

D) The Queen, the House of Commons and the Senate.

۳۳۹- کنفدراسیون چه سالی بود؟

۱۸٦۷.

۱۸۷۱.

۱۸۹۸.

۱۸۷۰.

۳٤۰- کدام استان ها برای اولین بار کنفدراسیون تشکیل دادند؟

.انتاریو، کبک، نوا اسکوشیا و نیوفاندلند

انتاریو، نوا اسکوشیا، نیوبرانزویک و آلبرتا

انتاریو، کبک، جزیره پرنس ادوارد و نوا اسکوشیا

نوا اسکوشیا، نیوبرانزویک و استان از کانادا

۳٤۱- نام «کانادا» از کجا آمده است؟

.از واژه اینوئیت به معنای کشور

.از واژه فرانسوی به معنای پیوستن

.از واژه متیس به معنای رودها

. به معنی روستا از کلمه Huron-Iroquois

339- What year was Confederation?

A) 1867.

B) 1871.

C) 1898.

D) 1870.

340- Which provinces first formed Confederation?

A) Ontario, Quebec, Nova Scotia and Newfoundland.

B) Ontario, Nova Scotia, New Brunswick and Alberta.

C) Ontario, Quebec, Prince Edward Island and Nova Scotia.

D) Nova Scotia, New Brunswick and the Province of Canada.

341- From where does the name "Canada" come?

A) From the Inuit word meaning country.

B) From the French word meaning joining.

C) From the Metis word meaning rivers.

D) From the Huron-Iroquois word for village.

۳٤۲- سر سام استیل که بود؟
یک قهرمان بزرگ مرزی، پلیس سوار و سرباز ملکه
یک قهرمان بزرگ مرزی، پلیس سوار و یک رهبر نظامی متیس در قرن ۱۹
یک قهرمان بزرگ مرزی، پلیس سوار و سومین نخست وزیر کانادا.
یک قهرمان بزرگ مرزی، پلیس سوار و پدر منیتوبا

www.toptenaward.org

۳٤۳- انتخابات فدرال چه زمانی بر اساس قانون مصوب مجلس برگزار می شود؟
ظرف مدت ۵ سال از آخرین انتخابات.
نخست وزیر می تواند برای انتخابات دعوت کند
هر زمان به خواست خودش ظرف ٤ سال از آخرین انتخابات.
هنگامی که ملکه می خواهد نخست وزیر جایگزین شود.

342- Who was Sir Sam Steele?

A) A great frontier hero, Mounted Policeman and soldier of the Queen.

B) A great frontier hero, Mounted Policeman and a military leader of the Metis in the 19th century.

C) A great frontier hero, Mounted Policeman and third Prime Minister of Canada.

D) A great frontier hero, Mounted Policeman and the Father of Manitoba.

343- When does a federal election have to be held under legislation passed by Parliament?

A) Within 5 years of the last election.

B) The Prime Minister can call the election any time at his own will.

C) Within 4 years of the most recent election.

D) When the Queen wants to replace the Prime Minister.

۳٤٤- کدام یک از وظایف دولت فدرال است
دفاع ملی، سیاست خارجی، بین المللی تجارت و امور بومیان.
آموزش، سیاست خارجی، بازیافت برنامه ها و امور بومیان
دفاع ملی، بهداشت و درمان، بین المللی تجارت و امور بومیان.
بزرگراه ها، پلیس، تجارت بین المللی و عدالت کیفری

۳٤۵- شرکت خلیج هادسون تا کی
سرزمین های شمالی را کنترل کنید؟
۲۲۰. سال
۱۸۰. سال
۱۵۰. سال. ۳۰۰ سال
۳٤٦- عملکرد اصلی کابینه چیست؟
منابع طبیعی
دفاع
ناوبری
تهیه بودجه و پیشنهاد قوانین جدید برای پیاده سازی

344-Which of the following are the responsibilities of federal government?

A) National defense, foreign policy, international trade and aboriginal affairs.

B) Education, foreign policy, recycling programs and aboriginal affairs.

C) National defense, health care, international trade and aboriginal affairs.

D) Highways, policing, international trade and criminal justice.

345- For how long did the Hudson Bay Company control the northern lands?

A) 220 years.

B) 180 years.

C) 150 years. D) 300 years.

346- What are the main functions of the Cabinet?

A) Natural resources

B) Defense

C) Navigation

D) Prepare the budget and propose new laws to implement

۳٤۷- اینکه بگوییم کانادا سلطنت مشروطه یعنی چه؟

حاکم (ملکه یا پادشاه) قانونگذار کانادا است

رئیس دولت کانادا ارثی است حاکم (ملکه یا پادشاه) که بر اساس قانون اساسی حکومت می کند.

حاکم (ملکه یا پادشاه) پروژه های قانون قبل از تصویب نهایی آنها. را تایید میکند

Le souverain (reine ou roi) représente les Canadiens au Parlement.

۳٤۸- سه قسمت مجلس کانادا چیست

نخست وزیر، مجلس عوام و سنا

نخست وزیر، وزیران و مجلس عوام

پادشاه، فرماندار کل و نخست وزیر

پادشاه، مجلس عوام و سنا

347- What does it mean to say that Canada is a constitutional monarchy?

A) The sovereign (queen or king) is the legislator of Canada.

B) The Head of State of Canada is a hereditary sovereign (queen or king) who reigns according to the Constitution.

C) The sovereign (queen or king) approves the law projects before their final adoption.

D) Le souverain (reine ou roi) représente les Canadiens au Parlement.

348- What are the three parts of the Canadian Parliament?

A) Prime Minister, House of Commons and Senate

B) The Prime Minister, the Ministers and the House of Commons

C) The King, The Governor General and the Prime Minister

D) The King, The House of Commons and the Senate

۳٤۹- قانون اساسی کدام قسمت است
از حقوق و آزادی های اساسی حمایت می کند
از همه کانادایی ها؟
منشور حقوق و آزادی های کانادا
منشور آزادی های کانادا
منشور حقوق کانادا
منشور حقوق و آزادی های بریتانیا

۳۵۰- نام حکومت سیاسی سیستم کانادا چیست
دیکتاتوری خیرخواه
روند دموکراتیک
سلطنت
دولت پارلمانی

۳۵۱- وظایف اولیه در ذخایر اولین ملل بر عهده کیست
.دولت های شهرداری
.رهبران گروه و اعضای شورا
.حکومت های استانی و سرزمینی
.دولت فدرال

349- What part of the Constitution legally protects the fundamental rights and freedoms of all Canadians?

A) The Canadian Charter of Rights and Freedoms

B) The Canadian Charter of Freedoms

C) The Canadian Charter of Rights

D) The British Charter of Rights and Freedoms

350- What is the name of the Canadian system of political governance?

A) The benevolent dictatorship

B) The democratic process

C) The monarchy

D) The parliamentary government

351- Who has the primary responsibilities on First Nations reserves?

A) Municipal governments.

B) Band leaders and councilors.

C) Provincial and territorial governments.

D) The federal government.

۳۵۲- کدام یک از عبارات مسئولیت استان ها است
تجارت و ارتباطات بین استانی
مدیریت شهرداری
ارز
ناوبری

۳۵۳- کدام یک از عبارات زیر عبارت کلیدی در قانون آمریکای شمالی بریتانیایی اصل سند قانون اساسی کانادا در سال ۱۸٦۷؟
صلح، نظم و حکمرانی خوب
موجودیت ژئوپلیتیکی
انضباط، آموزش و رفاه عموم
تجارت و ارتباطات

۳۵٤- بالاترین دادگاه در کانادا کدام است؟
دادگاه عالی کانادا
دربار پادشاه
Assize Canada
دادگاه سنای کانادا

352- Which of the following statements is the responsibility of the provinces?

A) Inter provincial Trade and Communications

B) The municipal administration

C) Currency

D) Navigation

353- Which of the following statements is a key phrase in the British North America Act, the original constitutional document of Canada in 1867?

A) Peace, Order and Good Governance

B) A geopolitical entity

C) Discipline, education and the public good

D) Trade and communications

354- What is the highest court in Canada?

A) Supreme Court of Canada

B) The King's Court

C) The Assize Court of Canada

D) The Senate Court of Canada

۳۵۵- ستوان فرماندار برای چند سال منصوب می شود؟
۵ سال
٤ سال
٦ سال
۳ سال

۳۵٦- قضات دیوان عالی کانادا را چه کسی تعیین می کند؟
نخست وزیر
حاکمیت
کمیسیونر، رئیس پلیس
فرماندار

۳۵۷- بزرگترین شریک تجاری کانادا کدام کشور است؟
ژاپن
ایالات متحده آمریکا
چین
مکزیک

355- For how many years is the Lieutenant Governor appointed?

A) 5 years

B) 4 years

C) 6 years

D) 3 years

356- Who appoints the judges of the Supreme Court of Canada?

A) The Prime Minister

B) The sovereign

C) Commissioner

D) Governor General

357- Which country is Canada's largest trading partner?

A) Japan

B) United States of America

C) China

D) Mexico

۳۵۸- کدام یک از موارد زیر در کانادا بالاتر از قانون است؟
قضات
سیاستمداران
هیچکس
پلیس

۳۵۹- سه کشور نفتا کدامند؟
.کانادا، انگلستان و ایالات متحده
.کانادا، دانمارک و آندورا
.کانادا، مکزیک و ایالات متحده
.کانادا، ایالات متحده و ژاپن

۳۶۰- رئیس دولت کانادا کیست؟
نخست وزیر
معاون فرماندار
اعلیحضرت پادشاه چارلز سوم
فرماندار کل کانادا

358- Which of the following is above the law in Canada?

A) The judges

B) The politicians

C) No one

D) The police

359- What are the three NAFTA countries?

A) Canada, the United Kingdom and the United States.

B) Canada, Denmark and Andorra.

C) Canada, Mexico and the United States.

D) Canada, the United States and Japan.

360- Who is Canada's head of state?

A) The Prime Minister

B) The lieutenant governor

C) His Majesty king charles III

D) Governor General of Canada

۳٦١- یک نماینده مجلس از مونترال اعلام کرد که آخر هفته خود را در حوزه انتخاباتی خود می گذراند. این بدان معنی است که او خواهد بود:

در دفترش در پارلمان هیل.

بازدید از استان کبک

در بخشی از مونترال که در آن انتخاب شد.

رفتن به تعطیلات.

۳٦٢- پس از انتخابات فدرال، کدام حزب دولت جدید را تشکیل می دهد؟

حزبی که بیشترین نمایندگان منتخب را دارد توسط فرماندار کل دعوت می شود تا به حزب در قدرت تبدیل شود.

خود پادشاه هر حزبی را برای اداره دولت انتخاب می کند.

فرماندار کل قانونی را پیشنهاد می کند که مقامات منتخب به عنوان هیئت حاکمه تبدیل شوند.

روسای هر استان یک حزب را برای اداره دولت انتخاب می کنند

361- A Member of Parliament from Montreal announces that she will spend her weekend in her electoral district. This means she would be:

A) In her office on Parliament Hill.

B) Visiting the province of Quebec.

C) In the part of Montreal where she was elected.

D) Going on a vacation.

362- After a federal election, which party forms the new government?

A) The party with the most elected representatives is invited by the Governor General to become the party in power.

B) The King himself picks any party to run the government.

C) The Governor General proposes a law for elected officials to become the governing body.

D) The Premiers of each province pick a party to run the government

۳٦۳- تقریباً چند کانادایی در جنگ جهانی اول خدمت کردند؟

۷۰۰۰.

.۸ میلیون

حدود ٦۰۰۰۰

.بیش از ٦۰۰۰۰۰

۳٦٤- کانادا سه قلمرو و چند استان دارد؟

۱۳

۱۰

۳

۵

۳٦۵- فاطمه یک مهاجر جدید در کانادا است. چه قانونی به او اجازه می دهد تا شغلی برابر با یک مرد داشته باشد؟

برابری زن و مرد

برابری همه نژادها

.دستمزد برابر برای کار برابر

.حقوق برابر

363- Approximately how many Canadians served in the First World War?

A) 7000.

B) 8 million.

C) About 60,000.

D) More than 600,000.

364- Canada has three territories and how many provinces?

A) 13

B) 10

C) 3

D) 5

365- Fatima is a new immigrant in Canada. What law allows her to take a job at par with a man?

A) Equality of women and men

B) Equality of all races.

C) Equal pay for equal work.

D) Equal rights.

۳٦٦- نام «کانادا» از کجا آمده است؟
.از واژه اینوئیت به معنای کشور
.از واژه فرانسوی به معنای پیوستن
.از کلمه متیس به معنای رودخانه ها
.برای دهکده Huron-Iroquois کلمه ،«Kanata»

۳٦۷- مثال بزنید که چگونه می توانید با شرکت در اجتماع
.خود مسئولیت پذیر باشید
.سرت به کار خودت باشه
.مهمونی گرفتن
ملک خود را مرتب نگه دارید
.داوطلب شوید

۳٦۸- مثالی بزنید که انگلیسی و فرانسه در کانادا دارای
.موقعیت مساوی هستند
در مدارس
.در محل کار
در پارلمان کانادا
در تالار شهر

366- From where does the name "Canada" come from?

A) From the Inuit word meaning country.

B) From the French word meaning joining.

C) From the Métis word meaning rivers.

D) From "Kanata", the Huron-Iroquois word for village.

367- Give an example of how you can show responsibility by participating in your community.

A) Mind your own business.

B) Have a party.

C) Keep your property tidy.

D) Volunteer.

368- Give an example of where English and French have equal status in Canada.

A) In schools.

B) In the workplace.

C) In the Parliament of Canada.

D) At City Hall.

۳۶۹- سطر اول سرود ملی کانادا را بدهید؟
!کانادا! خانه ما و سرزمین مادری
!کانادا! استان و سرزمین مادری ما
،کانادا! از دور و بر، ای کانادا
کانادا! ما مراقب شما هستیم

۳۷۰- نمایندگان مجلس چگونه انتخاب می شوند؟
.توسط نخست وزیر منصوب شد
.منتخب شهروندان کانادایی
.توسط پادشاه منصوب شد
.منتخب وزرای استانی

۳۷۱- سناتورها چگونه انتخاب می شوند؟
.توسط فرماندار کل کانادا
توسط نخست وزیران تمامی استان ها
.توسط پادشاه منصوب شد
سناتورها توسط فرماندار کل به توصیه نخست وزیر منصوب .می شوند

369- Give the first line of Canada's national anthem?

A) Canada! Our home and native land!

B) Canada! Our province and native land!

C) Canada! From far and wide, O Canada,

D) Canada! We stand on guard for thee.

370- How are Members of Parliament chosen?

A) Appointed by the Prime Minister.

B) Elected by Canadian citizens.

C) Appointed by the King.

D) Elected by the Provincial Ministers.

371- How are Senators chosen?

A) By the Governor General of Canada.

B) By the Premiers of all provinces.

C) Appointed by the King.

D) Senators are appointed by the Governor General on the advice of the Prime Minister.

۳۷۲- چگونه لایحه به قانون تبدیل می شود؟
.معاون فرماندار باید این لایحه را تصویب کند
تصویب با اکثریت مجلس عوام و سنا و در نهایت فرماندار
.کل
.پادشاه باید لایحه را امضا کند
.تصویب نمایندگان مجلس قانونگذاری

۳۷۳- وزیر کابینه چگونه انتخاب می شود؟
.توسط شاه
توسط رای دهندگان
توسط سایر وزرای کابینه
توسط نخست وزیر

372- How does a bill become a law?

A) The Lieutenant Governor must approve the bill.

B) Approval by a majority in the House of Commons and Senate and finally the Governor General.

C) The King must sign the bill.

D) Approval by the Members of the Legislative Assembly.

373- How is a Cabinet Minister chosen?

A) By the King.

B) By the voters.

C) By other Cabinet Ministers.

D) By the Prime Minister

۳۷٤- دولت پس از انتخابات فدرال چگونه تشکیل می شود؟

حزبی که بیشترین نمایندگان منتخب را داشته باشد به حزب در قدرت تبدیل می شود. پادشاه از این حزب نخست وزیر را انتخاب می کند

به طور معمول، حزبی که بیشترین نمایندگان منتخب را داشته باشد، حزب در قدرت می شود. رهبر این حزب نخست وزیر می شود.

فرماندار کل یک حزب و یک نخست وزیر را برای اداره دولت انتخاب می کند.

هر استان یک نماینده را برای تشکیل دولت انتخاب می کند. سپس پادشاه نخست وزیر را انتخاب می کند.

۳۷۵-نخست وزیر چگونه انتخاب می شود؟

پادشاه نخست وزیر را منصوب می کند.

فرماندار کل با سنا نخست وزیر را منصوب می کند.

رهبر حزبی که بیشترین نماینده را دارد نخست وزیر می شود.

نمایندگان مجلس به نخست وزیر رای می دهند..

374- How is the government formed after a federal election?

A) The party with the most elected representatives becomes the party in power. The King chooses the Prime Minister from this party

B) Ordinarily, the party with the most elected representatives becomes the party in power. The leader of this party becomes the Prime Minister.

C) The Governor General picks a party and a Prime Minister to run the government.

D) Each province elects one representative to form the government. The King then chooses the Prime Minister.

375-How is the Prime Minister chosen?

A) The King appoints the Prime Minister.

B) The Governor General with the Senate appoint the Prime Minister.

C) The leader of the party with the most elected representatives becomes the Prime Minister.

D) The MPs vote on the Prime Minister.

۳۷٦- آیا در کانادا می توانید از پلیس در مورد خدمات یا رفتار آنها سؤال کنید؟

خیر، خدمات و رفتار پلیس قابل بحث با کانادایی ها نیست.

بله، شما می توانید خدمات آنها را زیر سوال ببرید اما رفتار آنها را نه.

بله، شما می توانید رفتار آنها را زیر سوال ببرید اما خدمات آنها را نه.

بله، اگر احساس نیاز دارید.

۳۷۷- در نظام قضایی کانادا «فرض برائت» به چه معناست؟

تا زمانی که بی گناهی ثابت نشود همه مقصرند

احساس گناه توسط افکار عمومی تعیین می شود

برائت را افکار عمومی تعیین می کند

همه بی گناه هستند تا زمانی که جرمشان ثابت شود

۳۷۸- در دهه ۱۹٦۰، کبک دوران تغییرات سریع را تجربه کرد. اسم آن چیست؟

جنبش غرب

انقلاب.

انقلاب آرام

فرانکفونی.

376- In Canada, are you allowed to question the police about their service or conduct?

A) No, police service and conduct is not open to discussion with Canadians.

B) Yes, you can question their service but not their conduct.

C) Yes, you can question their conduct but not their service.

D) Yes, if you feel the need to.

377- In Canada's justice system what does "presumption of innocence" mean?

A) Everyone is guilty until proven innocent

B) Guilt is decided by public opinion

C) Innocence is decided by public opinion

D) Everyone is innocent until proven guilty

378- In the 1960s, Quebec experienced an era of rapid change. What is this called?

A) The West Movement.

B) The Revolution.

C) The Quiet Revolution.

D) La Francophonie.

۳۷۹- بیشتر کانادایی ها در چه صنعتی کار می کنند؟
منابع طبیعی
.گردشگری
.خدمات
.تولید
۳۸۰- در کدام منطقه بیش از نیمی از مردم در کانادا زندگی می کنند؟
.کانادا مرکزی
.پریریز
.آتلانتیک کانادا
.شمال کانادا
۳۸۱- تمام احزاب سیاسی فدرال را نام ببرید در مجلس عوام و رهبران آنها

بلوک کبکوا ،(Trudeau) سینگ)، لیبرال) NDP ،(Poilievre) محافظه کار
(Blanchet)، حزب سبز (Kuttner))

(محافظه کار (شیرا)، سبز (مه)، لیبرال (ترودو)، بلوک کبکوا (دوسپه

NDP (Mulcair)، لیبرال ،(Rae) سبز (مه)، بلوک کبکوا ،(Paillé)

(تورمل)، سبز (مه) NDP ،(لیبرال (ایگناتیف)، محافظه کار (آمبروز

379- In what industry do most Canadians work?

A) Natural resources

B) Tourism.

C) Service.

D) Manufacturing.

380- In which region do more than half the people in Canada live?

A) Central Canada.

B) Prairies.

C) Atlantic Canada.

D) Northern Canada.

381- Name all the federal political parties in the House of Commons and their leaders

A) Conservative (Poilievre), NDP (Singh), Liberal (Trudeau), Bloc Quebecois (Blanchet), Green Party (Kuttner))

B) Conservative (Scheer), Green (May), Liberal (Trudeau), Bloc Quebecois (Duceppe)

C) NDP (Mulcair), Green (May), Liberal (Rae), Bloc Quebecois (Paillé)

D) Liberal (Ignatieff), Conservative (Ambrose), NDP (Turmel), Green (May)

.۳۸۲- شش مسئولیت تابعیت را نام ببرید
کار پیدا کردن، پول درآوردن، تشکیل خانواده، پرداخت مالیات، چمن زنی، رای دادن در انتخابات استانی.
رای دادن فقط در انتخابات شهرداری، پیوستن به یک حزب سیاسی، یافتن شغل، رعایت قانون، رانندگی ایمن، جمع آوری زباله.
مراقبت از محیط زیست، زباله نریختن، پرداخت مالیات، رعایت قانون، کمک به دیگران، احترام گذاشتن به دیگران.
اطاعت از قانون، مسئولیت خود و خانواده، کمک به دیگران در جامعه، رای دادن در انتخابات، عضویت در هیئت منصفه، حفاظت و لذت بردن از میراث و محیط زیست خود.
۳۸۳- پنج منطقه کانادا را نام ببرید
غرب میانه، شمال، جنوب، شرق، مرکزی
Maritimes، Ontario، Quebec، Prairies و British Columbia
اقیانوس اطلس، مرکزی، دشت، ساحل غربی، و شمال
غرب، مرکزی، شرق، دشت‌ها و سرزمین‌ها۳۸٤- سه حقوق اضافی مورد حمایت را نام ببرید
توسط منشور حقوق و آزادی های کانادا

382- Name six responsibilities of citizenship.

A) Getting a job, making money, raising a family, paying taxes, mowing your lawn, voting in provincial elections.

B) Voting in municipal elections only, joining a political party, getting a job, obeying the law, driving safely, picking up litter.

C) Caring for the environment, not littering, paying taxes, obeying the law, helping others, respecting others.

D) Obeying the law, taking responsibility for oneself and one's family, helping others in the community, voting in elections, serving on a jury, protecting and enjoying our heritage and environment.

383- Name the five regions of Canada

A) Midwest, North, South, East, Central

B) Maritimes, Ontario, Quebec, Prairies, and British Columbia

C) Atlantic, Central, Prairie, West Coast, and North

D) West, Central, East, Prairies, and Territories

۳۸٤- سه حق اضافی که توسط منشور حقوق و آزادی های کانادا محافظت می شود نام ببرید

.آزادی بیان، حق مالکیت زمین و حق محاکمه عادلانه

.حقوق تحرک، چندفرهنگی و حقوق مردم بومی

حق اسکی در هر نقطه از کانادا، حقوق جابجایی، و حق .تجمع عمومی

.حق رای، حق بیان عمومی و حقوق امنیتی

۳۸۵- دو آزادی اساسی که توسط منشور حقوق و آزادی .های کانادا محافظت می شود را نام ببرید

.آزادی وجدان و مذهب و آزادی تشکل

.حقوق برابر و مراقبت از میراث کانادا

.آزادی های اساسی و اطاعت از قوانین

.حقوق بومیان و داوطلب شدن

384- Name three additional rights protected by the Canadian Charter of Rights and Freedoms

A) Freedom of speech, Right to own land, and Right to a fair trial.

B) Mobility rights, Multiculturalism, and Aboriginal Peoples' rights.

C) Right to ski anywhere in Canada, Moving rights, and Right to public assembly.

D) Right to vote, Right to speak publicly, and Security rights.

385- Name two fundamental freedoms protected by the Canadian Charter of Rights and Freedoms.

A) Freedom of conscience and religion, and Freedom of association.

B) Equality rights, and to care for Canada's heritage.

C) Basic freedoms, and obeying laws.

D) Aboriginal peoples' rights, and to volunteer.

۳۸٦- دو سند کلیدی که حاوی حقوق و آزادی های ماست نام ببرید.

قانون اساسی کانادا و حقوق عمومی انگلیس

قانون مدنی فرانسه و قانون اساسی کانادا

منشور حقوق و آزادی های کانادا و مگنا کارتا (منشور بزرگ آزادی ها).

قوانین مصوب پارلمان و قانون عرفی انگلیس.

۳۸۷- دو مسئولیت دولت فدرال را نام ببرید.

دفاع ملی و آتش نشانی.

دفاع ملی و سیاست خارجی.

شهروندی و بزرگراه.

بازیافت و آموزش.

386- Name two key documents that contain our rights and freedoms.

A) The Canadian Constitution and English common law.

B) Civil code of France and the Canadian Constitution.

C) Canadian Charter of Rights and Freedoms and Magna Carta (the Great Charter of Freedoms).

D) Laws passed by Parliament and English common law.

387- Name two responsibilities of the federal government.

A) National defence and firefighting.

B) National defence and foreign policy.

C) Citizenship and highways.

D) Recycling and education.

۳۸۸- دو مسئولیت حکومت استانی و سرزمینی را نام ببرید.
شهروندی و سیاست خارجی
بهداشت و آموزش
دفاع و ارز
حقوق جزا و تجارت بین استانی

۳۸۹- نوناووت در چه تاریخی تبدیل به سرزمین شد؟
۱ ژوئیه ۱۸٦۷
۱ آوریل ۱۹۹۹
۲٤ ژوئن ۱۹۹۵
۳۱ مارس ۱۹٤۹

۳۹۰- یک سوم کل کانادایی ها در کدام استان زندگی می کنند؟
کبک
انتاریو
سرزمینهای شمال غربی.
مانیتوبا

388- Name two responsibilities of the provincial and territorial government.

A) Citizenship and Foreign Policy

B) Health and Education

C) Defense and Currency

D) Criminal Law and Interprovincial Trade

389- On what date did Nunavut become a territory?

A) July 1st, 1867

B) April 1st, 1999

C) June 24th, 1995

D) March 31st, 1949

390- One third of all Canadians live in which province?

A) Quebec.

B) Ontario.

C) Northwest Territories.

D) Manitoba.

۳۹۱- نشان و شعار کانادا

«A Mari Usque Ad Mare» است. این یعنی:

.از اقیانوس تا دریا

.از دریا به دریا

.از دریا تا انتهای زمین

.از آب تا زمین

۳۹۲- چند نمونه از مسئولیت پذیری در قبال خود و خانواده چیست؟

.خرید خانه و تلویزیون

یافتن شغل، مراقبت از خانواده و سخت کوشی در راستای توانایی های خود.

.شستن لباس و تمیز نگه داشتن خانه

سخت مطالعه کنید تا بتوانید به اندازه کافی برای تعطیلات درآمد کسب کنید.

391- The Canadian Coat of Arms and motto is "A Mari Usque Ad Mare." This means:

A) From the ocean to the sea.

B) From sea to sea.

C) From the sea to the ends of the earth.

D) From the water to the earth.

392- What are some examples of taking responsibility for yourself and your family?

A) Buying a house and a TV.

B) Getting a job, taking care of one's family and working hard in keeping with one's abilities.

C) Doing laundry and keeping the house clean.

D) Study hard so you can earn enough money to take a vacation.

۳۹۳- استان های پریری و مراکز آنها کدامند؟

.آلبرتا (ادمونتون) و ساسکاچوان (رجینا

.آلبرتا (ادمونتون)، ساسکاچوان (رجینا) و مانیتوبا (وینیپگ

.ساسکاچوان (رجینا) و مانیتوبا (وینیپگ

.ساسکاچوان (رجینا)، مانیتوبا (وینیپگ) و انتاریو (تورنتو

۳۹٤- استان های مرکز کانادا و مراکز آن کدامند؟

.مانیتوبا (وینیپگ) و انتاریو (تورنتو

.کبک (شهر کبک) و جزیره پرنس ادوارد (شارلوت تاون

.انتاریو (تورنتو) و کبک (کبک سیتی

.ساسکاچوان (رجینا) و مانیتوبا وینیپگ

393- What are the Prairie provinces and their capital cities?

A) Alberta (Edmonton) and Saskatchewan (Regina).

B) Alberta (Edmonton), Saskatchewan (Regina) and Manitoba (Winnipeg).

C) Saskatchewan (Regina) and Manitoba (Winnipeg).

D) Saskatchewan (Regina), Manitoba (Winnipeg) and Ontario (Toronto).

394- What are the provinces of Central Canada and their capital cities?

A) Manitoba (Winnipeg) and Ontario (Toronto).

B) Quebec (Quebec City) and Prince Edward Island (Charlottetown).

C) Ontario (Toronto) and Quebec (Quebec City).

D) Saskatchewan (Regina) and Manitoba Winnipeg).

۳۹۵- استان های منطقه اقیانوس اطلس و پایتخت آنها کدامند؟

نوا اسکوشیا (هالیفاکس)، نیوبرانزویک (فردریکتون)، جزیره پرنس ادوارد (شارلوت تاون) و کبک (کبک).

نیوفاندلند و لابرادور (سنت جان)، نوا اسکوشیا (هالیفاکس)، نیوبرانزویک (فردریکتون) و جزیره پرنس ادوارد (شارلوت تاون).

نیوفاندلند و لابرادور (سنت جان)، نوا اسکوشیا (هالیفاکس)، نیوبرانزویک (فردریکتون) و کبک (کبک).

نوا اسکوشیا (هالیفاکس)، نیوبرانزویک (فردریکتون)، کبک (کبک سیتی) و انتاریو (تورنتو).

۳۹۶- مناطق شمال کانادا و پایتخت آن کدامند؟

آلاسکا (Juneau) و منطقه یوکان (Whitehorse).

مناطق شمال غربی (Yellowknife) و آلاسکا (Juneau).

مناطق شمال غربی (Yellowknife).

قلمرو یوکان (وایت هورس)، مناطق شمال غربی (یلونایف) و نوناووت (ایکالویت)

395- What are the provinces of the Atlantic region and their capital cities?

A) Nova Scotia (Halifax), New Brunswick (Fredericton), Prince Edward Island (Charlottetown) and Quebec (Quebec).

B) Newfoundland and Labrador (St. John's), Nova Scotia (Halifax), New Brunswick (Fredericton) and Prince Edward Island (Charlottetown).

C) Newfoundland and Labrador (St. John's), Nova Scotia (Halifax), New Brunswick (Fredericton) and Quebec (Quebec).

D) Nova Scotia (Halifax), New Brunswick (Fredericton), Quebec (Quebec City)and Ontario (Toronto).

396- What are the territories of Northern Canada and their capital cities?

A) Alaska (Juneau) and Yukon Territory (Whitehorse).

B) Northwest Territories (Yellowknife) and Alaska (Juneau).

C) Northwest Territories (Yellowknife).

D) Yukon Territory (Whitehorse), Northwest Territories (Yellowknife), and Nunavut (Iqaluit).

۳۹۷- سه سطح دولت در کانادا کدام است؟

.(فدرال، استانی و منطقه ای، شهری (محلی

.فدرال، استانی و شهری

.فدرال، منطقه ای و استانی

.فدرال، ایالتی و محلی

۳۹۸- سه گروه اصلی مردم بومی کدامند؟

.اولین ملل، متیس و اینویت

.آکادیان، متیس و اینویت

.وفاداران امپراتوری متحد، متیس و اینوئیت

.اینویت، متیس و آکادیان

۳۹۹- سه نوع صنعت اصلی در کانادا کدامند؟

..منابع طبیعی، گردشگری و صنایع خدماتی

.گردشگری، خدمات و تولید

.منابع طبیعی، گردشگری و تولید

.منابع طبیعی، تولید و خدمات

397- What are the three levels of government in Canada?

A) Federal, Provincial and Territorial, Municipal (local).

B) Federal, Provincial and City.

C) Federal, Territorial and Provincial.

D) Federal, State and Local.

398- What are the three main groups of Aboriginal peoples?

A) First Nations, Métis and Inuit.

B) Acadians, Métis and Inuit.

C) United Empire Loyalists, Métis and Inuit.

D) Inuit, Métis and Acadians.

399- What are the three main types of industry in Canada?

A) Natural resources, tourism and service industries..

B) Tourism, services and manufacturing.

C) Natural resources, tourism and manufacturing.

D) Natural resources, manufacturing and services.

۴۰۰- سه قسمت مجلس کدامند؟

.حاکم، فرماندار کل و نخست وزیر

.مجلس عوام، مجلس قانونگذاری و سنا

.پادشاه، مجلس قانونگذاری و سنا

.حاکم، مجلس عوام و سنا

۴۰۱- دو زبان رسمی کانادا کدامند؟

.انگلیسی و متیس

.اینوکتیتوت و فرانسوی

.انگلیسی و فرانسوی

.Inuktitut انگلیسی و

۴۰۲- بزرگترین شریک تجاری کانادا کدام کشور است؟

.مکزیک

.ایالات متحده آمریکا

.چین

.ژاپن

400- What are the three parts of Parliament?

A) The Sovereign, Governor General and Prime Minister.

B) The House of Commons, the Legislative Assembly and the Senate.

C) The King, the Legislative Assembly and the Senate.

D) The Sovereign, the House of Commons and the Senate.

401- What are the two official languages of Canada?

A) English and Métis.

B) Inuktitut and French.

C) English and French.

D) English and Inuktitut.

402- What country is Canada's largest trading partner?

A) Mexico.

B) United States of America.

C) China.

D) Japan.

۴۰۳- راه آهن کانادا اقیانوس آرام نماد چه بود؟
دسترسی آسان به ساحل غربی
.آنچه با همکاری مشترک می توان به دست آورد
.وحدت
.روبان های فولادی

۴۰۴- پدران کنفدراسیون چه کردند؟
آنها با هم کار کردند تا کشور جدیدی به نام Dominion of Canada را تأسیس کنند
آنها کاوشگرانی بودند که یک اکتشاف برای بررسی شمال کانادا تشکیل دادند
آنها یک ایالت جمهوری در کانادا تشکیل دادند
آنها گروهی از سیاستمداران بودند که سعی کردند کانادا را با ایالات متحده متحد کنند

403- What did the Canadian Pacific Railway symbolize?

A) Easy access to the West Coast.

B) What can be achieved by working together.

C) Unity.

D) Ribbons of steel.

404- What did the Fathers of Confederation do?

A) They worked together to establish a new country, the Dominion of Canada

B) They were explorers who formed an expedition to survey Northern Canada

C) They formed a republic state in Canada

D) They were a group of politicians that tried to unite Canada to the United States

٤٠٥- قانون را قبل از تصویب چه می نامید؟
یک قانون جدید
یک قانون پیشنهادی
یک لایحه
یک پیشنهاد جدید

٤٠٦- شما به عنوان نماینده ولی فقیه در استان ها چه می گویید؟
.برتر
.نماینده مجلس مقننه
.ستوان فرماندار
سناتور

٤٠٧- در برگه رای انتخابات فدرال چه علامتی دارید؟
نام نامزد
شماره برای نامزد
.«X» یک
.نام رای دهنده قانون جدید

405- What do you call a law before it is passed?

A) A New law.

B) A Proposed law.

C) A Bill.

D) A New proposal.

406- What do you call the Sovereign's representative in the provinces?

A) Premier.

B) Member of the Legislative Assembly.

C) Lieutenant-Governor.

D) Senator.

407- What do you mark on a federal election ballot?

A) The candidate's name.

B) The number for the candidate.

C) An "X".

D) The voter's name.

۴۰۸- کنفدراسیون یعنی چه؟
.سربازان کنفدراسیون ایالات متحده به کانادا آمد
.الحاق جوامع برای تبدیل شدن به استان
.الحاق حومه ها برای تشکیل یک شهر بزرگ
.الحاق استانها برای ایجاد کشوری جدید

۴۰۹- منظور از سلطنت مشروطه بودن کانادا چیست؟
.ملکه یا پادشاه) قانونگذار کانادا است) Sovereign
رئیس دولت کانادا یک حاکم ارثی (ملکه یا پادشاه) است که مطابق قانون اساسی سلطنت می کند.
.حاکم (ملکه یا پادشاه) نماینده کانادایی ها در پارلمان است
حاکم (ملکه یا پادشاه) لوایح را قبل از تبدیل شدن به قانون تصویب می کند.

408- What does Confederation mean?

A) The United States Confederate soldiers came to Canada.

B) Joining of communities to become a province.

C) Joining of suburbs to form a large city.

D) Joining of provinces to make a new country.

409- What does it mean to say Canada is a constitutional monarchy?

A) The Sovereign (Queen or King) is the law maker of Canada.

B) Canada's Head of State is a hereditary Sovereign (Queen or King) who reigns in accordance with the Constitution.

C) The Sovereign (Queen or King) represents Canadians in Parliament.

D) The Sovereign (Queen or King) approves bills before becoming law.

٤١٠- حق رأی مخفی یعنی چه؟
هیچکس نباید به شما بگوید کجا رای بدهید
رای مخفی که سیاستمداران هنگام رای دادن در مورد موضوعات حساس استفاده می کنند
هیچ کس نمی تواند رأی شما را تماشا کند و هیچ کس نباید به نحوه رأی دادن شما نگاه کند
حق شما برای رای دادن مخفیانه در مورد اینکه چه کسی را برای سنا منصوب کنید

٤١١- پرچم کانادا چگونه است؟

.قرمز و سفید با نشان های استانی

.قرمز و سفید با بیش از حد

.سفید با حاشیه قرمز در هر انتها و یک برگ افرا قرمز در مرکز

.قرمز با برگ افرا سفید

410- What does the "right to a secret ballot" mean?

A) No one should tell you where to vote

B) A secret vote used by politicians when they are voting on sensitive topics

C) No one can watch your vote and no one should look at how you voted

D) Your right to vote in secret on who to appoint to the Senate

411- What does the Canadian flag look like?

A) Red and white with provincial emblems.

B) Red and white with a beaver.

C) White with a red border on each end and a red maple leaf in the centre.

D) Red with a white maple leaf.

۴۱۲- منظور از دولت مسئول چیست؟

.هر فرد در هر حوزه انتخاباتی مسئول رای دادن است

.فرماندار کل مسئول اعمال نخست وزیر است

وزرای ولیعهد برای حکومت باید از حمایت اکثریت نمایندگان

.منتخب برخوردار باشند

.همه کانادایی ها در قبال یکدیگر مسئول هستند

۴۱۳- کلمه اینویت به چه معناست؟

.اسکیمو» در زبان اینوکتیتوت»

.خانه» در انگلیسی»

.مردم» در زبان اینوکتیتوت»

سرزمین قطب شمال» به زبان اینوکتیوت»

412- What does the term "responsible government" mean?

A) Each person in each electoral district is responsible for voting.

B) The Governor General is responsible for the actions of the Prime Minister.

C) The ministers of the Crown must have the support of a majority of the elected representatives in order to govern.

D) All Canadians are responsible for each other.

413- What does the word "Inuit" mean?

A) "Eskimo" in Inuktitut language.

B) "Home" in English.

C) "The people" in the Inuktitut language.

D) "The Arctic Land" in Inuktitut language.

٤١٤- در جنگ دشت ابراهیم چه گذشت؟
وویجرها برای حقوق تجارت خز با بریتانیایی ها جنگیدند
آمریکایی ها در طول انقلاب آمریکا با وفاداران امپراتوری متحد جنگیدند
انگلیسی‌ها فرانسوی‌ها را شکست دادند که پایان امپراتوری فرانسه در آمریکا بود
فرانسوی ها انگلیسی ها را در نبرد برای کبک شکست دادند

٤١٥- فرانکوفون چیست؟
فردی که به عنوان زبان اول انگلیسی صحبت می کند
طراحی RIM گوشی هوشمندی که توسط شرکت کانادایی شده است
فردی که به عنوان زبان اصلی خود فرانسوی صحبت می کند
اولین گوشی در کانادا که توسط الکساندر گراهام بل اختراع شد

414- What happened at the Battle of the Plains of Abraham?

A) The Voyagers battled with the British for fur trading rights

B) Americans fought the United Empire Loyalists during the American Revolution

C) The British defeated the French marking the end of France's empire in America

D) The French defeated the British in a battle for Quebec

415- What is a Francophone?

A) A person who speaks English as their first language

B) A smartphone designed by the Canadian company RIM

C) A person who speaks French as their first language

D) The first phone in Canada, invented by Alexander Graham Bell

٤١٦- رودخانه بزرگ کبک چیست؟

رودخانه فریزر

رودخانه سنت لارنس

نیاگارا

خلیج هادسون

٤١٧- حکومت اکثریت چیست؟

زمانی که حزب در قدرت حدود یک سوم کرسی های مجلس عوام را در اختیار دارد

زمانی که حزب در قدرت حدود یک چهارم کرسی های مجلس عوام را در اختیار دارد.

زمانی که بخش قدرت حداقل نیمی از کرسی های مجلس سنا را در اختیار داشته باشد.

زمانی که حزب در قدرت حداقل نیمی از کرسی های مجلس عوام را در اختیار داشته باشد

416- What is a major river in Quebec?

A) Fraser River

B) St. Lawrence River

C) Niagara

D) Hudson's Bay.

417- What is a majority government?

A) When the party in power holds about one third of the seats in the House of Commons

B) When the party in power holds about one quarter of the seats in the House of Commons.

C) When the part in power holds at least half of the seats in the Senate.

D) When the party in power holds at least half of the seats in the House of Commons.

۴۱۸- کارت اطلاعات رای دهنده چیست؟
به شما می گوید که نامزدهای حوزه انتخاباتی شما چه کسانی هستند.
به شما می گوید در کدام استان رای دهید.
فرمی که به شما می گوید کی و کجا رای دهید.
فرمی که به شما امکان می دهد زمان رای خود را بدانید.

۴۱۹- ورزش زمستانی ملی کانادا چیست؟
گلف
اسکی نوردیک.
چوگان.
هاکی

۴۲۰- سیستم حکومتی کانادا چیست؟
دیکتاتوری.
دولت پارلمانی
قانون نظامی
کمونیسم

418- What is a voter information card?

A) Tells you who the candidates are in your electoral district.

B) Tells you what province to vote in.

C) A form that tells you when and where to vote.

D) A form that lets you know your voting time.

419- What is Canada's national winter sport?

A) Golf.

B) Nordic skiing.

C) Lacrosse.

D) Hockey.

420- What is Canada's system of government called?

A) Dictatorship.

B) Parliamentary government.

C) Military Rule.

D) Communism.

۴۲۱- منظور از تساوی زن و مرد چیست؟
.زن و مرد برابر قانون هستند
.زن و مرد هر دو باید کارهای خانه را انجام دهند
اکنون زنان ممکن است به مدرسه بروند و وارد نیروی کار حرفه ای شوند.
.اکنون ممکن است یک زن نخست وزیر شود

۴۲۲- مالیات سر چیست؟
برای ورود چینی ها به کانادا، هزینه ورودی بر اساس مسابقه دریافت می شود.
برای افرادی که بعد از سال ۱۹۰۰ وارد کانادا می شوند، هزینه دریافت می شود.
.مالیاتی که از سال ۱۸۶۷ بر آبجو اعمال شد
برای حرکت به سمت غرب در اوایل دهه ۱۹۰۰ هزینه دریافت می شد.

۴۲۳- پایتخت کانادا کدام شهر است؟
اتاوا
تورنتو
مونترال
هال

421- What is meant by the equality of women and men?

A) Men and women are equal under the law.

B) Men and women must both do housework.

C) Women may now go to school and enter the professional workforce.

D) A woman may now become Prime Minister.

422- What is the "head tax"?

A) Race-based entry fee charged for Chinese entering Canada.

B) Fee charged for anyone entering Canada after 1900.

C) A tax imposed on beer beginning in 1867.

D) Fee charged for moving westward in the early 1900s.

423- What is the capital city of Canada?

A) Ottawa.

B) Toronto.

C) Montreal.

D) Hull.

٤٢٤- تفاوت نقش حاکمیت با نخست وزیر چیست؟
حاکم، رئیس دولت است، نخست وزیر بر سیاست های استان نظارت می کند.
حاکمیت حافظ آزادی های قانون اساسی است، نخست وزیر وزرای کابینه را انتخاب می کند و مسئول عملیات و سیاست های دولت است.
حاکمیت کانادا را به ۵۲ کشور دیگر مرتبط می کند و نخست وزیر حافظ آزادی های قانون اساسی است.
نماد حاکمیت کانادا و نخست وزیر دستیار او Sovereign است.

٤٢٥- دولت کل کانادا چه نام دارد؟
گردهمایی ملی.
قوه مقننه.
فدرال.
شورا.

424- What is the difference between the role of the Sovereign and that of the Prime Minister?

A) The Sovereign is Head of State, the Prime Minister oversees provincial policies.

B) The Sovereign is the guardian of Constitutional freedoms, the Prime Minister selects the Cabinet ministers and is responsible for operations and policy of government.

C) The Sovereign links Canada to 52 other nations and the Prime Minister is the guardian of Constitutional freedoms.

D) The Sovereign is the symbol of Canadian sovereignty and the Prime Minister is her aide.

425- What is the government of all of Canada called?

A) National assembly.

B) Legislature.

C) Federal.

D) Council.

٤٢٦- بالاترین دادگاه در کانادا کدام است؟
دادگاه ملکه
دادگاه سنای کانادا
دادگاه عالی کانادا
دادگاه سلطنتی کانادا

٤٢٧- بالاترین افتخار نظامی که یک کانادایی می تواند دریافت کند چیست؟
.صلیب بنفش
.نشان شجاعت
.نشان شایستگی
.ویکتوریا کراس

٤٢٨- بزرگترین مذهب در کانادا کدام است؟
.کاتولیک
.مسلمان
.یهودی

426- What is the highest court in Canada?

A) The Queen's Court

B) The Senate Court of Canada

C) The Supreme Court of Canada

D) The Crown Court of Canada

427- What is the highest military honour a Canadian can receive?

A) Purple Cross.

B) Badge of Courage.

C) Order of Merit.

D) Victoria Cross.

428- What is the largest religious affiliation in Canada?

A) Catholic.

B) Muslim.

C) Jewish.

D) Hindu.

۴۲۹- منظور از خشخاش روز ذکر چیست؟
.به یاد پادشاهمان، ملکه الیزابت دوم
.برای جشن گرفتن کنفدراسیون
.برای ادای احترام به نخست وزیرانی که مرده اند
به یاد فداکاری کانادایی‌هایی که تا به امروز در جنگ‌ها
.خدمت کرده یا جان خود را از دست داده‌اند

۴۳۰- نام فرماندار کل چیست؟
دیوید جانستون
.مری سایمون
.ریچارد واگنر
جولی پایت

۴۳۱- نام نخست وزیر کانادا و حزب او چیست؟
.(جاستین ترودو (حزب لیبرال
.(اندرو شیر (حزب محافظه کار
.(جگمیت سینگ (حزب دموکراتیک جدید
.(پیر ترودو (حزب لیبرال

429- What is the meaning of the Remembrance Day poppy?

A) To remember our Sovereign, Queen Elizabeth II.

B) To celebrate Confederation.

C) To honour Prime Ministers who have died.

D) To remember the sacrifice of Canadians who have served or died in wars up to the present day.

430- What is the name of the Governor General?

A) David Johnston.

B) Mary Simon.

C) Richard Wagner.

D) Julie Payette

431- What is the name of the Prime Minister of Canada and his/her party?

A) Justin Trudeau (Liberal Party).

B) Andrew Scheer (Conservative Party).

C) Jagmeet Singh (New Democratic Party).

D) Pierre Trudeau (Liberal Party).

۴۳۲- نام سرود سلطنتی کانادا چیست؟

.کانادا

.خدا ملکه (یا پادشاه) را حفظ کند

لا مارسی

.بنر ستاره دار

۴۳۳- نقش دادگاه ها در کانادا چیست؟

.برای اجرای قانون

.برای راهنمایی افراد جامعه ما

برای حل و فصل اختلافات

.برای بیان ارزش ها و اعتقادات کانادایی ها

۴۳۴- نقش احزاب مخالف چیست؟

برای کمک به نخست وزیر

برای امضای لوایح

.برای مخالفت یا تلاش برای بهبود پیشنهادات دولت

.برای ارائه لوایح برای تصویب

432- What is the name of the Royal Anthem of Canada?

A) Canada.

B) God Save the Queen (or King).

C) La Marseillaise

D) The Star-Spangled Banner.

433- What is the role of the courts in Canada?

A) To enforce the law.

B) To guide people in our society.

C) To settle disputes.

D) To express values and beliefs of Canadians.

434- What is the role of the Opposition parties?

A) To assist the Prime Minister.

B) To sign bills.

C) To oppose or try to improve government proposals.

D) To put forward bills to be passed.

۴۳۵- اهمیت کشف انسولین توسط سر فردریک بانتینگ و چارلز بست چیست؟

انسولین هورمونی است که به شما اجازه می دهد هر چیزی را که می خواهید بخورید.

انسولین جان ۱۶ میلیون نفر را در سراسر جهان نجات داده است.

کشف انسولین درها را برای اکتشافات بیشتر باز کرد.

و بهترین Banting .کشف انسولین ساخته شده توسط دکتر معروف.

www.toptenaward.org

۴۳۶- کدام بخش از قانون اساسی از حقوق و آزادی های اساسی همه کانادایی ها حمایت می کند؟

منشور حقوق و آزادی های بریتانیا.

منشور حقوق کانادا

منشور آزادی کانادا

منشور حقوق و آزادی های کانادا.

435- What is the significance of the discovery of insulin by Sir Frederick Banting and Charles Best?

A) Insulin is a hormone that permits you to eat anything you wish.

B) Insulin has saved 16 million lives worldwide.

C) Discovering insulin opened the doors to more discoveries.

D) Discovering insulin made Drs. Banting and Best famous.

436- What part of the Constitution legally protects the basic rights and freedoms of all Canadians?

A) The British Charter of Rights and Freedoms.

B) The Canadian Charter of Rights.

C) The Canadian Charter of Freedoms.

D) The Canadian Charter of Rights and Freedoms.

٤۳۷- چند درصد از مردم بومی اولین ملل هستند؟
۳۰ درصد
٦ درصد
۵۰ درصد
٦۵ درصد

٤۳۸- در صورت عدم دریافت کارت اطلاعات رای دهنده که به شما می گوید زمان و مکان رای دادن به شما می گویند چه باید کرد؟
برو به اداره پلیس
.با نماینده مجلس خود تماس بگیرید
.فرض کنید نمی توانید رای دهید
تماس بگیرید یا از وب سایت آنها Elections Canada با
.بازدید کنید
٤۳۹- سرود ملی کانادا چه آهنگی است؟
.خدا پادشاه را حفظ کند
.کانادا
.بنر ستاره دار
گریس شگفت انگیز

437- What percentage of Aboriginal people are First Nations?

A) 30%.

B) 6%.

C) 50%.

D) 65%.

438- What should you do if you do not receive a voter information card telling you when and where to vote?

A) Go to the police station.

B) Call your Member of Parliament.

C) Assume you cannot vote.

D) Call Elections Canada or visit their website.

439- What song is Canada's national anthem?

A) God Save the King.

B) Canada.

C) Star Spangled Banner.

D) Amazing Grace.

٤٤٠- کدام سه اقیانوس با کانادا هم مرز هستند؟
.اقیانوس اطلس، قطب شمال و برینگ
.اقیانوس اطلس، قطب شمال و اقیانوس آرام
.اقیانوس آرام، هند و اقیانوس اطلس
.هادسون، اقیانوس آرام و اقیانوس اطلس

٤٤١- راه آهن زیرزمینی چه بود؟
یک شبکه ضد برده داری که به هزاران برده کمک کرد از ایالات متحده فرار کنند و در کانادا مستقر شوند.
راه‌آهنی که از میان کوه‌های راکی می‌گذرد که عمدتاً از طرف تونل‌های کوهستانی می‌گذرد
شبکه ای از تاجران خز که برای حمل پوسته بیش از حد به ایالات متحده استفاده می کردند
اولین تونل زیرزمینی مترو در تورنتو

440- What three oceans border Canada?

A) Atlantic, Arctic and Bering.

B) Atlantic, Arctic and Pacific.

C) Pacific, Indian and Atlantic.

D) Hudson, Pacific and Atlantic.

441- What was the "Underground Railroad"?

A) An anti-slavery network that helped thousands of slaves escape the United States and settle in Canada

B) A railroad through the Rockies that was mainly through mountain tunnels

C) A network fur traders used to transport beaver pelts to the United States

D) The first underground subway tunnel in Toronto

۴۴۲- حمله ٦ ژوئن ۱۹۴۴ به نرماندی چه اهمیتی داشت؟
.این امر منجر به تاسیس جوایز جونو شد
.شمال آفریقا را از اشغال نازی ها آزاد کرد
کانادایی ها سهم قابل توجهی در شکست نازیسم و فاشیسم در اروپا در طول جنگ جهانی دوم داشتند.
این منجر به جابجایی اجباری کانادایی های ژاپنی الاصل شد.

۴۴۳- نهضت حق رای زنان چه بود؟
.تلاش زنان برای دستیابی به حق رای
.تلاش زنان برای شرکت در خدمت سربازی
حرکتی ناموفق برای واداشتن شوهران به انجام کارهای خانه.
تلاش زنان برای حضور در مجلس

442- What was the significance of June 6, 1944 invasion of Normandy?

A) It led to the establishment of the Juno Awards.

B) It liberated North Africa from Nazi occupation.

C) Canadians made a significant contribution to the defeat of Nazism and Fascism in Europe during the Second World War.

D) It resulted in the forcible relocation of Canadians of Japanese origin.

443- What was the Women's Suffrage Movement?

A) The effort by women to achieve the right to vote.

B) The effort by women to participate in military service.

C) An unsuccessful movement to get husbands to do housework.

D) The effort by women to be in Parliament.

٤٤٤- هنگام سوگند تابعیت چه قولی می دهید؟
با پادشاه بیعت کنید، قوانین کانادا را رعایت کنید و وظایف یک کانادایی را انجام دهید.
قول بده که به پادشاه وفادار باش.
قول رعایت قوانین کانادا را بدهید.
وظایف خود را به عنوان یک شهروند کانادایی انجام دهید.

٤٤٥- نیوفاندلند و لابرادور چه سالی به کانادا پیوستند؟
١٨٦٧
١٩٥٥
١٩٤٩
١٨٨٠

٤٤٦- کنفدراسیون چه سالی بود؟
١٨٦٧.
١٨٧١.
١٨٩٨.
١٨٦٤.

444- What will you promise when you take the Oath of Citizenship?

A) Pledge allegiance to the King, observe the laws of Canada and fulfil the duties of a Canadian.

B) Pledge to be faithful to the King.

C) Promise to observe the laws of Canada.

D) Fulfil duties as a Canadian citizen.

445- What year did Newfoundland and Labrador join Canada?

A) 1867

B) 1955

C) 1949

D) 1880

446- What year was Confederation?

A) 1867.

B) 1871.

C) 1898.

D) 1864.

٤٤٧- وقتی از شما پرسیده شد که باید به چه کسی بگویید در انتخابات فدرال چگونه رای داده اید؟

کارفرمای شما

.هیچکس

.افسر پلیس

یک مقام انتخاباتی کانادا

٤٤٨- قانون آمریکای شمالی بریتانیا از چه زمانی اجرایی شد؟

.١٨٧١

.١٨٩٨

.١٨٦٧

.١٩٠٥

٤٤٩- منشور حقوق و آزادی های کانادا از چه زمانی بخشی از قانون اساسی کانادا شد؟

.١٨٦٧

.١٩٠٥

.١٩٨٢

.١٨٧٨

447- When asked, who must you tell how you voted in a federal election?

A) Your employer.

B) No one.

C) A police officer.

D) An Elections Canada official.

448- When did the British North America Act come into effect?

A) 1871.

B) 1898.

C) 1867.

D) 1905.

449- When did the Canadian Charter of Rights and Freedoms become part of the Canadian Constitution?

A) 1867.

B) 1905.

C) 1982.

D) 1878.

٤٥٠- روز کانادا چه زمانی است و چه جشنی دارد؟
۱۵ ژوئن هر سال به مناسبت سالگرد کنفدراسیون.
۸ آگوست هر سال برای جشن پیوستن بریتیش کلمبیا به کنفدراسیون.
ما سالگرد کنفدراسیون را در اول جولای هر سال جشن می گیریم.
۲۱ مه هر سال به یاد ملکه ویکتوریا.

٤٥١- روز بزرگداشت چه زمانی برگزار می شود؟
۱ جولای
۱۰ اکتبر.
۱۱ نوامبر.
۲۵ دسامبر

450- When is Canada Day and what does it celebrate?

A) June 15 of each year to celebrate the anniversary of Confederation.

B) August 8th of each year to celebrate the joining of British Columbia to Confederation.

C) We celebrate the anniversary of Confederation July 1st of each year.

D) May 21st of each year to remember Queen Victoria.

451- When is Remembrance Day celebrated?

A) July 1st

B) October 1st.

C) November 11th.

D) December 25th

۴۵۲- انتخابات فدرال چه زمانی باید برگزار شود؟
تقریبا هر ۴ سال یکبار
در سومین دوشنبه ماه اکتبر هر چهار سال بعد از آخرین انتخابات عمومی.
هر زمان که نخست وزیر انتخابات را فراخواند.
وقتی نمایندگان مجلس نخست وزیر جدید می خواهند.
۴۵۳- وقتی در روز انتخابات رای می دهید چه کار می کنید؟
به محل رای گیری بروید، به آنها بگویید که کی هستید و X خود را علامت بزنید. برگه رای را به متصدی برگردانید.
به محل رای گیری بروید، ۱ برگه رای را بردارید و پس از علامت گذاری X خود آن را در صندوق رای بگذارید.
به شعبه رای گیری بروید، کارت رای دهنده خود را با مدرک هویتی بردارید، انتخاب خود را در برگه رای برجسته کنید و آن را در صندوق قرار دهید.
با کارت رای دهنده و شناسنامه خود به شعبه رای گیری بروید، در کنار نامزد انتخابی خود یک علامت X علامت بزنید، برگه رای را تا کنید و به مقامات رای گیری ارائه دهید تا شماره رای را پاره کنند و برگه رای را به شما بدهند تا در صندوق سپرده گذاری کنید.

452- When must federal elections be held?

A) About every 4 years.

B) On the third Monday in October every four years following the most recent general election.

C) Whenever the Prime Minister calls the election.

D) When the MPs want a new Prime Minister.

453- When you vote on election day, what do you do?

A) Go to the voting station, tell them who you are and mark your X. Give the ballot back to the attendant.

B) Go to the voting station, remove 1 ballot and after marking your X deposit it in the ballot box.

C) Go to the voting station, take your voter's card with proof if identity, highlight your choice on the ballot and deposit it in the box.

D) Go to the voting station with your voter's card and ID, mark an X next to your chosen candidate, fold the ballot and present it to the poll officials who will tear off the ballot number and give you the ballot to deposit in the box

٤٥٤- دریاچه های بزرگ کجا هستند؟
بین انتاریو و ایالات متحده
مانیتوبا
کبک شمالی
آتلانتیک کانادا

٤٥٥- ساختمان مجلس کجا قرار دارد؟
اتاوا
.شهر کبک
هال
تورنتو

٤٥٦- بیشتر کانادایی های فرانسوی زبان کجا زندگی می کنند؟
انتاریو
.نوا اسکوشیا
کبک
جزیره پرنس ادوارد

454- Where are the Great Lakes?

A) Between Ontario and the United States

B) Manitoba.

C) Northern Quebec.

D) Atlantic Canada.

455- Where are the Parliament Buildings located?

A) Ottawa.

B) Quebec City.

C) Hull.

D) Toronto.

456- Where do most French-speaking Canadians live?

A) Ontario.

B) Nova Scotia.

C) Quebec.

D) Prince Edward Island.

۴۵۷- رتبه کانادا در بین بزرگترین کشورهای جهان کجاست؟
اولین
دومین
سوم
چهارم

۴۵۸- کدام قانون برای اولین بار در کانادا مجامع قانونگذاری منتخب مردم را اعطا کرد؟
.قانون اساسی ۱۸۶۷
.قانون اساسی ۱۷۹۱
.قانون اساسی ۱۹۸۲
.قانون اساسی ۲۰۱۰

۴۵۹- نماد رسمی کانادا کدام حیوان است

.گوزن
.شاهین
سگ آبی
.گوزن

457- Where does Canada rank in the world's largest countries?

A) First

B) Second

C) Third

D) Fourth

458- Which Act granted, for the first time in Canada, legislative assemblies elected by the people?

A) The Constitutional Act of 1867.

B) The Constitutional Act of 1791.

C) The Constitutional Act of 1982.

D) The Constitutional Act of 2010.

459- Which animal is an official symbol of Canada?

A) The moose.

B) The hawk.

C) The beaver.

D) The deer.

٤٦٠- کدام کشور از جنوب با کانادا همسایه است؟
.ایالات متحده آمریکا
.آمریکای مرکزی
.مکزیک
.واشنگتن

٤٦١- کدام حزب سیاسی فدرال در قدرت است؟
.حزب سبز
حزب دموکراتیک نوین
.حزب آزادیخواه
.حزب محافظه کار

٤٦٢- کدام یک از موارد زیر جزو ویژگی های سیستم حکومتی کانادا نیست؟
یک ایالت فدرال
.دموکراسی پارلمانی
.سلطنت مشروطه
.دیکتاتوری

460- Which country borders Canada on the south?

A) United States of America.

B) Central America.

C) Mexico.

D) Washington.

461- Which federal political party is in power?

A) Green Party.

B) New Democratic Party.

C) Liberal Party.

D) Conservative Party.

462- Which of the following is NOT a feature of Canada's system of government?

A) A federal state.

B) Parliamentary democracy.

C) Constitutional Monarchy.

D) Dictatorship.

٤٦٣ کدام یک از جملات زیر جنگ ۱۸۱۲ را بهتر توصیف می کند؟

ناوگان ناپلئون در این جنگ توسط نیروی دریایی سلطنتی شکست خورد.

ایالات متحده آمریکا پس از جنگ از امپراتوری بریتانیا مستقل شد.

ایالات متحده آمریکا به کانادا حمله کرد و شکست خورد و این امر تضمین کرد که کانادا مستقل از ایالات متحده باقی بماند.

کانادا پس از جنگ به ایالات متحده پیوست.

٤٦٤- کدام یک از جملات زیر در مورد مدارس مسکونی صحیح نیست؟

دولت فدرال بسیاری از کودکان بومی را در مدارس مسکونی قرار داد تا آنها را در فرهنگ اصلی کانادا آموزش داده و جذب کنند.

بودجه مدارس ضعیف بود و دانش آموزان را با مشکل مواجه می کرد.

این مدارس مورد استقبال مردم بومی قرار گرفت.

زبان بومی و شیوه های فرهنگی عمدتاً ممنوع بود.

463 Which of the following sentences best describes the War of 1812?

A) Napoleon's fleet was defeated by the Royal Navy in the war.

B) The USA became independent from the British Empire after the war.

C) The USA invaded Canada and was defeated, which ensured that Canada would remain independent of the United States.

D) Canada joined the United States after the war.

464- Which of the following statements about residential schools is NOT true?

A) The federal government placed many Aboriginal children in residential schools to educate and assimilate them into mainstream Canadian culture.

B) The schools were poorly funded and inflicted hardship on the students.

C) The schools were welcomed by the Aboriginal people.

D) Aboriginal language and cultural practices were mostly prohibited.

٤٦٥- کدام حزب اپوزیسیون رسمی می شود؟
.حزبی که دومین نماینده مجلس را دارد
.حزبی که کمترین رای را دریافت می کند
هر نامزد مستقلی
.حزبی که نخست وزیر انتخاب می کند

٤٦٦- اپوزیسیون رسمی در سطح فدرال کدام حزب است؟
.حزب دموکراتیک نوین
حزب لیبرال
.حزب مستقل
حزب محافظه کار

٤٦٧- بزرگترین و شلوغ ترین بندر کانادا کدام بندر است؟
بندر هالیفاکس
بندر مونترال
بندر ونکوور
بندر ویکتوریا

465- Which party becomes the Official Opposition?

A) The party with the second most MPs.

B) The party receiving the least votes.

C) Any independent candidate.

D) The party the Prime Minister selects.

466- Which party is the Official Opposition at the federal level?

A) The New Democratic Party.

B) The Liberal Party.

C) The Independent Party.

D) The Conservative Party.

467- Which port is the largest and busiest in Canada?

A) The Port of Halifax

B) The Port of Montreal

C) The Port of Vancouver

D) The Port of Victoria

٤٦٨- کدام استان منطقه زمانی خاص خود را دارد؟
بریتیش کلمبیا
نیوفاندلند و لابرادور
نوناووت
نوا اسکوشیا

٤٦٩- کدام استان کانادا از نظر مساحت کوچکترین استان است؟
.نوا اسکوشیا
جزیره پرنس ادوارد
قلمرو یوکان
نیوفاندلند و لابرادور

٤٧٠- تولید کننده اصلی خمیر و کاغذ و برق آبی کدام استان است؟
کبک
انتاریو
بریتیش کلمبیا
مانیتوبا

468- Which province has its own time zone?

A) British Columbia

B) Newfoundland and Labrador

C) Nunavut

D) Nova Scotia

469- Which province in Canada is the smallest in land size?

A) Nova Scotia.

B) Prince Edward Island.

C) Yukon Territory.

D) Newfoundland and Labrador.

470- Which province is the main producer of pulp and paper and hydro-electricity?

A) Quebec

B) Ontario

C) British Columbia

D) Manitoba

۴۷۱- تنها استان دو زبانه کدام استان است؟
.نیوبرانزویک
کبک
انتاریو
جزیره پرنس ادوارد

۴۷۲- کدام استان در کنفدراسیون به دو قسمت تقسیم شد؟
کانادا پایین
نیوفاندلند
بالای کانادا
استان کانادا

۴۷۳- کدام استان اولین کشوری بود که به زنان حق رای داد؟
کبک
انتاریو
نوا اسکوشیا
مانیتوبا

471- Which province is the only officially bilingual province?

A) New Brunswick.

B) Quebec.

C) Ontario.

D) Prince Edward Island.

472- Which province was split into two at Confederation?

A) Lower Canada

B) Newfoundland

C) Upper Canada

D) The Province of Canada

473- Which province was the first to grant voting rights to women?

A) Quebec

B) Ontario

C) Nova Scotia

D) Manitoba

٤٧٤- پرچم کدام استان دارای فلور د لیز است؟
کبک
نیوبرانزویک
مانیتوبا
انتاریو

٤٧٥- کدام منطقه بیش از یک سوم کانادا را شامل می شود؟
کانادا مرکزی
چمنزارها
آتلانتیک کانادا
سرزمین های شمالی

٤٧٦- کدام منطقه به عنوان هارتلند صنعتی و تولیدی کانادا شناخته می شود؟
استان های اقیانوس اطلس
استان های دشتی
کانادا مرکزی
.ساحل غربی

474- Which provincial flag features the fleur-de-lys?

A) Quebec

B) New Brunswick

C) Manitoba

D) Ontario

475- Which region covers more than one-third of Canada?

A) Central Canada.

B) Prairies.

C) Atlantic Canada.

D) Northern Territories.

476- Which region is known as the industrial and manufacturing heartland of Canada?

A) Atlantic provinces.

B) Prairie provinces.

C) Central Canada.

D) West Coast.

٤٧٧- كدام منطقه كانادا هم به خاطر زمينهاي حاصلخيز كشاورزي و هم به خاطر منابع ارزشمند انرژي معروف است؟

.بریتیش کلمبیا

استان های دشتی

انتاریو

مانیتوبا

٤٧٨- کدام سه کشور امضاکننده نفتا هستند؟

.کانادا، انگلستان و ایالات متحده

.کانادا، ایالات متحده و ژاپن

.کانادا، مکزیک و ایالات متحده

.کانادا، دانمارک و آندورا

٤٧٩- آخرین استانی که به کانادا پیوست کدام استان بود؟

نیوفاندلند

آلبرتا

ساسکاچوان

.بریتیش کلمبیا

477- Which region of Canada is known for both its fertile agricultural land and valuable energy resources?

A) British Columbia.

B) Prairie provinces.

C) Ontario.

D) Manitoba.

478- Which three countries are signatories to NAFTA?

A) Canada, the United Kingdom and the United States.

B) Canada, the United States and Japan.

C) Canada, Mexico and the United States.

D) Canada, Denmark and Andorra.

479- Which was the last province to join Canada?

A) Newfoundland.

B) Alberta.

C) Saskatchewan.

D) British Columbia.

٤٨٠- بومیان کانادا چه کسانی هستند؟

اولین مهاجران اروپایی که وارد کانادا شدند

نوادگان اولین مهاجران استرالیایی به کانادا

اولین افرادی که در کانادا زندگی می کنند

اولین مهاجران نیوفاندلند

٤٨١- آکادیان چه کسانی هستند؟

.مردم بومی قطب شمال

.کاتولیک های فرانسوی زبان ساکن انتاریو

نوادگان مستعمره‌نشینان فرانسوی که در سال ١٦٠٤ در

.استان‌های دریایی کنونی ساکن شدند

.پناهندگان انگلیسی زبان که در لوئیزیانا مستقر شدند

480- Who are the Aboriginal peoples of Canada?

A) The first European settlers to arrive in Canada

B) The descendents of the first Australian immigrants to Canada

C) The first people to live in Canada

D) The first settlers of Newfoundland

481- Who are the Acadians?

A) Aboriginal people of the arctic.

B) French-speaking Catholics living in Ontario.

C) The descendants of French colonists who began settling in what are now the Maritime provinces in 1604.

D) English speaking refugees who settled in Louisiana.

۴۸۲- بنیانگذاران کانادا چه کسانی هستند؟
.متیس، فرانسوی و بریتانیایی
.بومی، متیس و بریتانیایی
.اینوئیت، بومی و بریتانیایی
.بومی، فرانسوی و بریتانیایی

۴۸۳- متی ها چه کسانی هستند؟
.مردم بومی متمایز اقیانوس اطلس کانادا
مردمی با تبار مختلط اینوئیت/ ملل اول که اکثر آنها در
.چمنزارها زندگی می کنند
.صحبت می کنند Michif مردم اولین ملل که به گویش
.مردمی متمایز از اجداد مختلط بومی و اروپایی

۴۸۴- کبکی ها چه کسانی هستند؟
.مهاجران اروپایی در دهه ۱۶۰۰
.نوادگان استعمارگران فرانسوی
.نوادگان انگلوفون ها
مردم کبک

482- Who are the founding peoples of Canada?

A) Métis, French and British.

B) Aboriginal, Métis and British.

C) Inuit, Aboriginal and British.

D) Aboriginal, French and British.

483- Who are the Métis?

A) The distinct aboriginal people of Atlantic Canada.

B) A people of mixed Inuit/First Nations ancestry most of whom live on the Prairies.

C) First Nations people speaking the Michif dialect.

D) A distinct people of mixed Aboriginal and European ancestry.

484- Who are the Quebecers?

A) European settlers in the 1600s.

B) Descendants of the French colonists.

C) Descendants of the Anglophones.

D) People of Quebec.

٤٨٥- کانادایی ها در انتخابات فدرال به چه کسانی رای می دهند؟

.بهترین سخنران شرکت کننده در انتخابات

.نامزدی که می خواهند نماینده آنها در مجلس باشد

کسی که نخست وزیر شود

.همه نامزدها در حوزه انتخاباتی خود

٤٨٦- نمایندگان مجلس نماینده چه کسانی هستند؟

.همه کانادایی هایی که در شمال زندگی می کنند

.فقط کانادایی هایی که در مرکز کانادا زندگی می کنند

.همه کسانی که در حوزه انتخاباتی خود زندگی می کنند

کانادایی هایی که در استانی که در آن انتخاب شده است زندگی می کنند.

٤٨٧- چه کسی نقش مهمی در ساخت راه‌آهن کانادایی داشته است؟ (CPR) اقیانوس آرام

مهندسان راه آهن آمریکا

.کارگران راه آهن آکادی

کارگران راه آهن چین

بردگان آفریقایی آمریکایی

485- Who do Canadians vote for in a federal election?

A) The best speaker running in the election.

B) A candidate they want to represent them in Parliament.

C) Someone to become the Premier.

D) All of the candidates in their electoral district.

486- Who do Members of Parliament represent?

A) All of the Canadians living in the north.

B) Only Canadians living in Central Canada.

C) Everyone who lives in his or her electoral district.

D) Canadians living in the province in which he/she was elected.

487- Who had played an important part in building the Canadian Pacific Railway (CPR)?

A) American railroad engineers.

B) Acadian railroad workers.

C) Chinese railroad workers.

D) African American slaves.

۴۸۸- چه کسی حق دارد به عنوان نامزد در انتخابات فدرال شرکت کند؟

.هر کسی

.یک شهروند کانادایی که ۱۶ سال سن دارد

.هر مردی که حداقل ۱۸ سال سن داشته باشد

.هر شهروند کانادایی که حداقل ۱۸ سال سن داشته باشد

۴۸۹- چه کسانی در انتخابات فدرال حق رای دارند؟

یک شهروند کانادایی، ۱۸ سال یا بیشتر، و در لیست رای دهندگان.

یک شهروند کانادایی، ۱۸ سال یا بیشتر که باید برای دولت فدرال کار کند.

یک مهاجر زمینی، ۱۸ ساله و یکی از اعضای نیروهای کانادایی.

یک شهروند کانادایی، بالای ۲۵ سال و عضو نیروهای کانادایی.

488- Who has the right to run as a candidate in federal elections?

A) Anyone.

B) A Canadian citizen who is 16 years old.

C) Any man who is at least 18 years old.

D) Any Canadian citizen who is at least 18 years old.

489- Who has the right to vote in federal elections?

A) A Canadian citizen, 18 years or older, and on voters' list.

B) A Canadian citizen, 18 years or older and must work for the federal government.

C) A landed immigrant, 18 years old and a memberof the Canadian Forces.

D) A Canadian citizen, over 25 years and a member of the Canadian Forces.

۴۹۰- چه کسانی در ذخایر اولین ملل مسئولیت عمده دارند؟
.روسای گروه و اعضای شورا
دولت های شهرداری
.حکومت های استانی و سرزمینی
.دولت فدرال

۴۹۱- رئیس دولت کانادا کیست؟
فرماندار کل کانادا
.اعلیحضرت پادشاه چارلز سوم
.نخست وزیر
.معاون فرماندار

۴۹۲- پدر منیتوبا
کیست؟
جان آ. مکدونالد
سام استیل
آلفرد بوید

490- Who have major responsibilities on First Nations reserves?

A) Band chiefs and councillors.

B) Municipal governments.

C) Provincial and territorial governments.

D) Federal government.

491- Who is Canada's Head of State?

A) Governor General of Canada.

B) His Majesty King Charles III.

C) Prime Minister.

D) Lieutenant Governor.

492- Who is considered the father of Manitoba?

A) John A. Macdonald

B) Sam Steele

C) Alfred Boyd

D) Louis Riel

لویی ریل

۴۹۳- ژنرال سر آرتور کوری کیست؟

.یک رهبر نظامی متیس در قرن نوزدهم

یک قهرمان بزرگ مرزی

.کاشف غرب کانادا

.بزرگترین سرباز کانادا در جنگ جهانی اول

۴۹۴- رئیس دولت کیست؟

رئیس جمهور

پادشاه

فرماندار کل

نخست وزیر

۴۹۵- نماینده پادشاه در کانادا کیست؟

.نخست وزیر کانادا

.برتر

.ستوان فرماندار

493- Who is General Sir Arthur Currie?

A) A military leader of the Métis in the 19th century.

B) A great frontier hero.

C) An explorer of western Canada.

D) Canada's greatest soldier in the First World War.

494- Who is the Head of Government?

A) The President

B) The King

C) The Governor General

D) The Prime Minister

495- Who is the King's representative in Canada?

A) Prime Minister of Canada.

B) Premier.

C) Lieutenant-Governor.

D) Governor General of Canada.

فرماندار کل کانادا

٤٩٦- رهبر حزب اپوزیسیون رسمی فدرال کیست؟

توماس مولکایر

اندرو شیر

پیر پویلیور

الیزابت می

٤٩٧- چه کسی قیام مسلحانه را رهبری کرد و قلعه گری را تصرف کرد؟

جان آ. مکدونالد

لویی ریل

سام استیل

ژرژ اتین کارتیه

٤٩٨- چه کسی کبک را به کنفدراسیون هدایت کرد؟

سر لوئیس هیپولیت لافونتن

سر جورج اتین کارتیه

سر ویلفرد لوریر

496- Who is the leader of the Federal Official Opposition Party?

A) Thomas Mulcair

B) Andrew Scheer

C) Pierre Poilievre

D) Elizabeth May

497- Who led an armed uprising and seized Fort Garry?

A) John A. Macdonald

B) Louis Riel

C) Sam Steele

D) George-Étienne Cartier

498- Who led Quebec into Confederation?

A) Sir Louis-Hippolyte La Fontaine

B) Sir George-Étienne Cartier

C) Sir Wilfrid Laurier

D) Sir John A. Macdonald

سر جان آ. مکدونالد

۴۹۹- سر لوئیس هیپولیت لافونتن که بود؟

.قهرمان دموکراسی و حقوق بومیان

قهرمان دموکراسی و حقوق زبان فرانسه و اولین رهبر یک

.دولت مسئول در کانادا

اولین رئیس دولت

.اولین نخست وزیر فرانسوی زبان

۵۰۰- سر سام استیل که بود؟

.یک قهرمان بزرگ مرزی، پلیس سوار و سرباز

.یک رهبر نظامی متیس در قرن نوزدهم

.اولین نخست وزیر کانادا

پدر منیتوبا

۵۰۱- اولین رهبر یک دولت مسئول در کانادا در سال ۱۸۴۹

چه کسی بود؟

.سر جان آ. مکدونالد

.رابرت بالدوین

.لویی ریل

499- Who was Sir Louis-Hippolyte La Fontaine?

A) A champion of democracy and Aboriginal rights.

B) A champion of democracy and French language rights and the first leader of a responsible government in the Canadas.

C) The first Head of State.

D) The first French speaking Prime Minister.

500- Who was Sir Sam Steele?

A) A great frontier hero, Mounted Policeman and soldier.

B) A military leader of the Métis in the 19th century.

C) The first Prime Minister of Canada.

D) The Father of Manitoba.

501- Who was the first leader of a responsible government in the Canadas in 1849?

A) Sir John A. Macdonald.

B) Robert Baldwin.

C) Louis Riel.

D) Sir Louis-Hippolyte La Fontaine.

سر لوئیس هیپولیت لافونتن
۵۰۲- اولین نخست وزیر کانادا چه کسی بود؟
.لویی ریل
.سر جان آ. مکدونالد
.لستر بی پیرسون
.آبراهام لینکولن

۵۰۳- وفاداران امپراتوری متحد چه کسانی بودند؟
مهاجرانی که در جریان انقلاب آمریکا از ایالات متحده به
.کانادا آمدند
مردم بومی
متیس
.اینویت

۵۰٤- ویجرها چه کسانی بودند؟
تاجران مستقر در مونترال که با قاہ رانی سفر می کردند
مهاجران به کانادا در قرن هجدهم
کاوشگرانی که به دنبال گذرگاه شمال غربی هستند
جغرافیدانانی که برای اولین بار خط ساحلی بریتیش کلمبیا

502- Who was the first Prime Minister of Canada?

A) Louis Riel.

B) Sir John A. Macdonald.

C) Lester B. Pearson.

D) Abraham Lincoln.

503- Who were the United Empire Loyalists?

A) Settlers who came to Canada from the United States during the American Revolution.

B) Aboriginal peoples.

C) Métis

D) Inuit.

504- Who were the Voyagers?

A) Montreal-based traders who travelled by canoe

B) Immigrants to Canada in the 18th Century

C) Explorers searching for the North-West Passage

D) Geographers who first charted the coastline of British Columbia

را ترسیم کردند

۵۰۵- چرا نبرد ویمی ریج مهم است؟

.این یک موقعیت کلیدی خط آلمان در شمال اسپانیا بود

سپاه کانادا شهرت خود را به خاطر شجاعت و شجاعت حفظ .کرد

این «لولا» خط آلمانی بود زیرا از خط تازه ساخته شده .هیندنبورگ محافظت می کرد

جنگیدند، می دانستند که Vimy هنگامی که کانادایی ها در .به خانه خود می روند

۵۰۶- چرا تجارت با سایر کشورها برای کانادا مهم است؟

.استاندارد زندگی ما را بالا می برد

.سفر به کشورهای خارجی را برای ما راحت تر می کند

اقتصاد ما را تقویت می کند و استاندارد زندگی ما را بالا می .برد

.کالاهای ارزان تری وارد می کند

505- Why is the battle of Vimy Ridge important?

A) It was a key position of the German line in Northern Spain.

B) Canadian Corps secured its reputation for valour and bravery.

C) It was the "hinge" of the German line as it protected the newly constructed Hindenburg line.

D) Once Canadians fought at Vimy they knew they would be heading home.

506- Why is trade with other countries important to Canada?

A) It enhances our standard of living.

B) It makes it easier for us to travel to foreign countries.

C) It enhances our economy and raises our standard of living.

D) It brings in cheaper goods.

۵۰۷- ستوان فرماندار کبک چه نام دارد؟
ارجمند پیر دوشن
جناب ژان لوئی روکس
ارجمند مارسیال آسلین
ارجمند جی میشل دویون

۵۰۸- پایتخت آلبرتا چیست؟
.کلاه پزشکی
.گوزن قرمز
.کلگری
ادمونتون

۵۰۹- نام رهبر مخالفان در آلبرتا چیست؟
.راشل نتلی
.برایان جین
.هدر فورسیت

507- What is the name of the Lieutenant-Governor of Quebec?

A) Honourable Pierre Duchesne

B) Honourable Jean-Louis Roux

C) Honourable Martial Asselin

D) Honourable J. Michel Doyon

508- What is the capital city of Alberta?

A) Medicine Hat.

B) Red Deer.

C) Calgary.

D) Edmonton.

509- What is the name of the leader of the Opposition in Alberta?

A) Rachel Notley.

B) Brian Jean.

C) Heather Forsyth.

D) Jim Prentice.

جیم پرنتیس

۵۱۰- ستوان فرماندار آلبرتا چه نام دارد؟

.دونالد اس. اتل

.سلما لاکانی

.آدرین کلارکسون

.لوئیس میچل

۵۱۱- نام نخست وزیر آلبرتا چیست؟

راشل نوتلی برتر

جیسون کنی برتر

.برتر جیم پرنتیس

نخست وزیر استفن هارپر

۵۱۲- کدام حزب سیاسی در آلبرتا قدرت دارد؟

حزب دموکراتیک نوین

.حزب آزادیخواه

.حزب سبز

حزب متحد محافظه کار

510- What is the name of the Lieutenant-Governor of Alberta?

A) Donald S. Ethell.

B) Salma Lakhani.

C) Adrienne Clarkson.

D) Lois Mitchell.

511- What is the name of the Premier of Alberta?

A) Premier Rachel Notley.

B) Premier Jason Kenney.

C) Premier Jim Prentice.

D) Premier Stephen Harper

512- Which political party is in power in Alberta?

A) New Democratic Party.

B) Liberal Party.

C) Green Party.

D) United Conservative Party

۳- کدام سه منبع طبیعی برای اقتصاد آلبرتا امروز مهم هستند؟

.نفت، کشاورزی و جنگلداری

.نفت، گردشگری و ماهیگیری

.نفت، زغال سنگ و برق آبی

.نفت، زغال سنگ و جنگلداری

۵۱٤- حوزه های انتخاباتی فدرال در ریچموند، بریتیش کلمبیا .را نام ببرید

ریچموند دارای دو حوزه انتخاباتی فدرال است: ریچموند شمالی و ریچموند جنوبی

ریچموند دارای دو حوزه انتخاباتی فدرال است: ریچموند شرقی و ریچموند غربی

ریچموند دارای دو حوزه انتخاباتی فدرال است: ریچموند و .ریچموند جنوبی

ریچموند دارای دو حوزه انتخاباتی فدرال است: مرکز ریچموند و استیوستون-ریچموند شرقی

513- Which three natural resources are important to Alberta's economy today?

A) Oil, agriculture, and forestry.

B) Oil, tourism, and fishing.

C) Oil, coal, and hydroelectricity.

D) Oil, coal, and forestry.

514- Name the federal electoral districts in Richmond, British Columbia.

A) Richmond has two federal electoral districts: Richmond North and Richmond South

B) Richmond has two federal electoral districts: Richmond East and Richmond West

C) Richmond has two federal electoral districts: Richmond and Richmond South.

D) Richmond has two federal electoral districts: Richmond Centre and Steveston-Richmond East

۵۱۵- اعضای پارلمان ریچموند، بریتیش کلمبیا و احزاب آنها (به ترتیب مرکز ریچموند، استیوستون-ریچموند شرقی) را نام ببرید.

(آلیس ونگ (محافظه کار)، کنی چیو (محافظه کار

(جو پسچیزولیدو (لیبرال)، کری-لین فیندلی (محافظه‌کار

(ویلسون میائو (لیبرال)، پارم بینز (لیبرال

(گرگ هالسی برانت (لیبرال)، جف پلنت (لیبرال

515- Name the members of Parliament for Richmond, British Columbia and the parties they belong to (Richmond Centre, Steveston-Richmond East respectively).

A) Alice Wong (Conservative), Kenny Chiu (Conservative)

B) Joe Peschisolido (Liberal), Kerry-Lynne Findlay (Conservative)

C) Wilson Miao (Liberal), Parm Bains (Liberal)

D) Greg Halsey-Brandt (Liberal), Geoff Plant (Liberal)

٦- اعضای مجلس قانونگذاری ریچموند، بریتیش کلمبیا و احزاب آنها را نام ببرید (به ترتیب مرکز ریچموند شمالی، مرکز ریچموند جنوبی، ریچموند-استیوستون و ریچموند-کوئینزبورو).

راب هاوارد (ریچموند مرکز شمالی)، لیندا رید (مرکز ریچموند جنوبی)، جان کامینز (ریچموند-استیوستون)، و مالکوم برودی (ریچموند-کوئینزبورو)

ترزا وات (مرکز ریچموند شمالی)، لیندا رید (مرکز ریچموند جنوبی)، جان یاپ (ریچموند-استیوستون)، و جاس جوهال (ریچموند-کوئینزبورو))

اولگا ایلیچ (ریچموند مرکز شمالی)، راب هاوارد (مرکز ریچموند جنوبی)، جاس جوهال (ریچموند-استیوستون) و جان یاپ (ریچموند-کوئینزبورو))

ترزا وات (مرکز ریچموند شمالی)، هنری یائو (مرکز ریچموند جنوبی)، کلی گرین (ریچموند-استیوستون)، امان سینگ (ریچموند-کوئینزبورو)).

516- Name the Members of the Legislative Assembly for Richmond, British Columbia and the parties they belong to (Richmond North Centre, Richmond South Centre, Richmond-Steveston, and Richmond-Queensborough respectively).

A) Rob Howard (Richmond North Centre), Linda Reid (Richmond South Centre), John Cummins (Richmond-Steveston), and Malcolm Brodie (Richmond-Queensborough)

B) Teresa Wat (Richmond North Centre), Linda Reid (Richmond South Centre), John Yap (Richmond-Steveston), and Jas Johal (Richmond-Queensborough)

C) Olga Ilich (Richmond North Centre), Rob Howard (Richmond South Centre), Jas Johal (Richmond-Steveston), and John Yap (Richmond-Queensborough)

D) Teresa Wat (Richmond North Centre), Henry Yao (Richmond South Centre), Kelly Greene(Richmond-Steveston), Aman Singh (Richmond-Queensborough).

۵۱۷- سه عضو شورای شهر ریچموند، بریتیش کلمبیا را نام ببرید.
مالکوم برودی، درک دانگ و ارنی نواکوفسکی
لین گرین هیل، کیچی کوماگای و لیلی فون هندرون
هارولد استیو، چاک او و کارول دی
کن جانستون، بیل مک نالتی و لی بیلی

۵۱۸- پایتخت بی سی چیست
ونکوور
شاهزاده جورج
ویکتوریا
وست مینستر جدید

۵۱۹- نام رهبر مخالفان در بریتیش کلمبیا چیست؟
آدام اولسن
کوین فالکون
جان هورگان
اندرو ویلکینسون

517- Name three city councilors for Richmond, British Columbia.

A) Malcolm Brodie, Derek Dang and Ernie Novakowski

B) Lyn Greenhill, Kiichi Kumagai and Lily von Hendron

C) Harold Steves, Chak Au and Carol Day

D) Ken Johnston, Bill McNulty and Lee Bailey

518- What is the capital city of British Columbia?

A) Vancouver.

B) Prince George.

C) Victoria.

D) New Westminster.

519- What is the name of the leader of the Opposition in British Columbia?

A) Adam Olsen

B) Kevin Falcon

C) John Horgan

D) Andrew Wilkinson

۵۲۰- ستوان فرماندار بریتیش کلمبیا چه نام دارد؟
دیوید لام
جانت آستین
آدرین کلارکسون
جودیت گیچون

۵۲۱- شهردار ریچموند بریتیش کلمبیا چه نام دارد؟
شهردار ریچارد لی
شهردار بیل مک نالتی
شهردار لیندا مک‌فیل
شهردار مالکوم برودی

۵۲۲- نخست وزیر بریتیش کلمبیا چه نام دارد؟
آدریان دیکس برتر
گوردون کمپبل برتر
نخست وزیر جان هورگان
کریستی کلارک برتر

520- What is the name of the Lieutenant-Governor of British Columbia?

A) David Lam

B) Janet Austin

C) Adrienne Clarkson

D) Judith Guichon

521- What is the name of the Mayor of Richmond, British Columbia?

A) Mayor Richard Lee

B) Mayor Bill McNulty

C) Mayor Linda McPhail

D) Mayor Malcolm Brodie

522- What is the name of the Premier of British Columbia?

A) Premier Adrian Dix

B) Premier Gordon Campbell

C) Premier John Horgan

D) Premier Christy Clark

۵۲۳- کدام حزب سیاسی در بریتیش کلمبیا قدرت دارد؟
حزب دموکراتیک نوین
حزب آزادیخواه
حزب اعتبار اجتماعی
حزب سبز
۵۲٤- کدام سه منبع طبیعی برای اقتصاد بریتیش کلمبیا امروز مهم هستند؟
.جنگل ها، آب و غلات
.جنگل، ماهی و آب
.ماهی، روغن و آب
.زغال سنگ، آب و کشتی سازی
۵۲۵- چرا بریتیش کلمبیا به عنوان دروازه اقیانوس آرام کانادا شناخته می شود؟
اکثر مهاجران جدید وارد فرودگاه بین المللی ونکوور می شوند.
.بریتیش کلمبیا نزدیک ترین استان به خاور دور است
میلیاردها دلار کالاهای تجاری از طرف بندر ونکوور جابجا می شود.
.بریتیش کلمبیا هم مرز با اقیانوس آرام است

523- Which political party is in power in British Columbia?

A) New Democratic Party

B) Liberal Party

C) Social Credit Party

D) Green Party

524- Which three natural resources are important to British Columbia's economy today?

A) Forests, water and grain crops.

B) Forests, fish and water.

C) Fish, oil and water.

D) Coal, water and shipbuilding.

525- Why is British Columbia known as Canada's Pacific Gateway?

A) Most new imigrants arrive at Vancouver International Airport.

B) British Columbia is the closest province to the Far East.

C) Billions of dollars in trade goods are handled through the Port of Vancouver.

D) British Columbia borders the Pacific Ocean.

۵۲۶- پایتخت مانیتوبا چیست؟

وینیپگ

گرند رپیدز

Portage la Prairie

براندون

۵۲۷- نام رهبر مخالفان در منیتوبا چیست؟

رعنا بخاری

جیمز بدوم

Wab Kinew

برایان پالیستر

۵۲۸- نام ستوان فرماندار منیتوبا چیست؟

جان هاروارد محترم

پیتر لیبا محترم

فیلیپ لی ارجمند

جنیس فیلمون محترم

526- What is the capital city of Manitoba?

A) Winnipeg

B) Grand Rapids

C) Portage la Prairie

D) Brandon

527- What is the name of the leader of the Opposition in Manitoba?

A) Rana Bokhari

B) James Beddome

C) Wab Kinew

D) Brian Pallister

528- What is the name of the Lieutenant-Governor of Manitoba?

A) Honourable John Harvard

B) Honourable Peter Liba

C) Honourable Philip Lee

D) Honourable Janice Filmon

۵۲۹- نام نخست وزیر منیتوبا چیست؟
هدر استفانسون برتر
گرگ سلینگر برتر
برایان پالیستر برتر
لیون برتر استرلینگ

۵۳۰- امروز چه سه صنعت برای اقتصاد منیتوبا مهم است؟
کشاورزی، معدن و ماهیگیری
کشاورزی، معدن و تولید برق آبی
ماهیگیری، گردشگری و معدن
جنگلداری، ماهیگیری و انرژی

۵۳۱- کدام حزب سیاسی در منیتوبا قدرت دارد؟
مهمانی منیتوبا
لیبرال ها
محافظه کار مترقی
دموکرات های جدید

529- What is the name of the Premier of Manitoba?

A) Premier Heather Stefanson

B) Premier Greg Selinger

C) Premier Brian Pallister

D) Premier Sterling Lyon

530- What three industries are important to Manitoba's economy today?

A) Farming, mining and fishing

B) Agriculture, mining and hydro-electric power generation

C) Fishing, tourism and mining

D) Forestry, fishing and energy

531- Which political party is in power in Manitoba?

A) Manitoba Party

B) Liberals

C) Progressive Conservative

D) New Democrats

۵۳۲- پایتخت نیوبرانزویک کدام شهر است

ویکتوریا

وینیپگ

فردریکتون

مونترال

۵۳۳- نام رهبر مخالفان در نیوبرانزویک چیست؟

ویکتور بودرو

دنیس لندری

راجر ملانسون

دیوید آلوارد

۵۳٤- ستوان فرماندار نیوبرانزویک چیست؟

برندا مورفی محترم

گیلبرت فین محترم

مشاور محترم مرلین ترنهولم

گریدون نیکلاس محترم

532- What is the capital city of New Brunswick?

A) Victoria

B) Winnipeg

C) Fredericton

D) Montreal

533- What is the name of the leader of the Opposition in New Brunswick?

A) Victor Boudreau

B) Denis Landry

C) Roger Melanson

D) David Alward

534- What is the name of the Lieutenant-Governor of New Brunswick?

A) Honourable Brenda Murphy

B) Honourable Gilbert Finn

C) Honourable Marilyn Trenholme Counsell

D) Honourable Graydon Nicholas

۵۳۵- نام نخست وزیر نیوبرانزویک چیست؟
نخست وزیر برنارد لرد
بلین هیگز برتر
دیوید آلوارد برتر
برایان گالانت نخست وزیر

۵۳۶- امروزه چه سه صنعت برای اقتصاد نیوبرانزویک مهم هستند؟
جنگلداری، تولید برق آبی، نفت
شیلات، نفت، گردشگری
تجارت، ماهیگیری و نفت اقیانوس اطلس
جنگلداری، کشاورزی و معدن

۵۳۷- کدام حزب سیاسی در نیوبرانزویک قدرت دارد؟
لیبرال ها
پارتی نیوبرانزویک
دموکرات های جدید
محافظه کار مترقی

535- What is the name of the Premier of New Brunswick?

A) Premier Bernard Lord

B) Premier Blaine Higgs

C) Premier David Alward

D) Premier Brian Gallant

536- What three industries are important to New Brunswick's economy today?

A) Forestry, hydro-electric power generation, oil

B) Fisheries, oil, tourism

C) Atlantic trade, fishing and oil

D) Forestry, agriculture and mining

537- Which political party is in power in New Brunswick?

A) Liberals

B) New Brunswick Party

C) New Democrats

D) Progressive Conservative

۵۳۸- پایتخت نیوفاندلند و لابرادور کدام است؟
شارلوت تاون
غلغلک دودکش
سنت جان
سنت پیر و میکلون

۵۳۹- نام رهبر مخالفان در نیوفاندلند و لابرادور چیست؟
دیوید برزیل
شطرنج کراسبی
پل دیویس
دوایت بال

۵۴۰- ستوان فرماندار نیوفاندلند و لابرادور چه نام دارد؟
ارجمند فرانک اف فاگان
ادوارد رابرتز محترم
جان کراسبی ارجمند
ارجمند جودی می فوت

538- What is the capital city of Newfoundland and Labrador?

A) Charlottetown

B) Chimney Tickle

C) St. John's

D) St. Pierre et Miquelon

539- What is the name of the leader of the Opposition in Newfoundland and Labrador?

A) David Brazil

B) Ches Crosbie

C) Paul Davis

D) Dwight Ball

540- What is the name of the Lieutenant-Governor of Newfoundland and Labrador?

A) Honourable Frank F. Fagan

B) Honourable Edward Roberts

C) Honourable John Crosbie

D) Honourable Judy May Foote

۵٤۱- نام برتر نیوفاندلند و لابرادور چیست؟
نخست وزیر اندرو فیوری
دوایت بال برتر
کتی داندردیل برتر
تام مارشال برتر

۵٤۲- امروزه چه سه صنعت برای اقتصاد نیوفاندلند و لابرادور مهم هستند؟
شیلات، استخراج نفت و گاز
شیلات، گردشگری، جنگلداری
کشتی سازی، شیلات و معدن
گردشگری، معدن و جنگلداری

۵٤۳- کدام حزب سیاسی در نیوفاندلند و لابرادور قدرت دارد؟
NFL پارتی
دموکرات های جدید
حزب آزادیخواه
محافظه کار مترقی

541- What is the name of the Premier of Newfoundland and Labrador?

A) Premier Andrew Furey

B) Premier Dwight Ball

C) Premier Kathy Dunderdale

D) Premier Tom Marshall

542- What three industries are important to Newfoundland and Labrador's economy today?

A) Fisheries, oil and gas extraction

B) Fisheries, tourism, forestry

C) Shipbuilding, fisheries and mining

D) Tourism, mining and forestry

543- Which political party is in power in Newfoundland and Labrador?

A) NFL Party

B) New Democrats

C) Liberal Party

D) Progressive Conservative

۵٤٤- پایتخت نوا اسکوشیا چیست؟
شراب
هالیفاکس
دارتموث
دوون

۵٤۵- نام رهبر مخالفان در نوا اسکوشیا چیست؟
دارل دکستر
جان مک دانل
ایین رنکین
جیمی بیلی

۵٤٦- ستوان فرماندار نوا اسکوشیا چه نام دارد؟
ارجمند جان جیمز گرانت
میرا فریمن محترم
مایان فرانسیس محترم
ارتور جی لوبلان ارجمند

544- What is the capital City of Nova Scotia?

A) Shearwater

B) Halifax

C) Dartmouth

D) Devon

545- What is the name of the leader of the Opposition in Nova Scotia?

A) Darrell Dexter

B) John MacDonell

C) Iain Rankin

D) Jamie Baillie

546- What is the name of the Lieutenant-Governor of Nova Scotia?

A) Honourable John James Grant

B) Honourable Myra Freeman

C) Honourable Mayann Francis

D) Honourable Arthur J. LeBlanc

۵٤۷- نام نخست وزیر نوا اسکوشیا چیست؟
دارل دکستر برتر
نخست وزیر استفن مک نیل
تیم هیوستون برتر
رادنی مک دونالد برتر

۵٤۸- امروز چه سه صنعت برای اقتصاد نوا اسکوشیا مهم است؟
شیلات، کشتی سازی و جنگلداری
جنگلداری، معدن و گردشگری
معدن زغال سنگ، جنگلداری و کشاورزی
گردشگری، فیلم و کشتی سازی

۵٤۹- کدام حزب سیاسی در نوا اسکوشیا قدرت دارد؟
دموکرات های جدید
محافظه کار مترقی
لیبرال
پارتی نوا اسکوشیا

547- What is the name of the Premier of Nova Scotia?

A) Premier Darrel Dexter

B) Premier Stephen McNeil

C) Premier Tim Houston

D) Premier Rodney MacDonald

548- What three industries are important to Nova Scotia's economy today?

A) Fisheries, shipbuilding and forestry

B) Forestry, mining and tourism

C) Coal mining, forestry and agriculture

D) Tourism, movies and shipbuilding

549- Which political party is in power in Nova Scotia?

A) New Democrats

B) Progressive Conservative

C) Liberal

D) Nova Scotia Party

۵۵۰- پایتخت نواحی شمال غربی کدام شهر است؟
فورت سیمپسون
رودخانه هی
فورت پراویدنس
زرد نایف

۵۵۱- نام کمیسر نواحی شمال غربی چیست؟
ارجمند مارگارت تام
تونی ویتفورد محترم
ارجمند دانیل ال نوریس
گلنا هنسن محترم

۵۵۲- رهبر مخالفان در مناطق شمال غرب چه نام دارد؟
هیچ یک
جورج برادن
دون مورین
نلی کورنویا

550- What is the capital City of the Northwest Territories?

A) Fort Simpson

B) Hay River

C) Fort Providence

D) Yellowknife

551- What is the name of the Commissioner of the Northwest Territories?

A) Honourable Margaret Thom

B) Honourable Tony Whitford

C) Honourable Daniel L. Norris

D) Honourable Glenna Hansen

552- What is the name of the leader of the Opposition in the Northwest Territories?

A) None

B) George Braden

C) Don Morin

D) Nellie Cournoyea

۵۵۳- نخست وزیر سرزمین های شمال غربی چه نام دارد؟
نخست وزیر باب مک لئود
کارولین کاکرین برتر
جو هندلی برتر
نخست جیم آنتوان

۵۵٤- کدام حزب سیاسی در مناطق شمال غربی قدرت دارد؟
پارتی یوکان
لیبرال ها
با اجماع اداره می شود
دموکرات های جدید

۵۵۵- پایتخت نوناووت چیست؟
سینا
ایکالویت
نیپیسا
میویک

553- What is the name of the Premier of the Northwest Territories?

A) Premier Bob McLeod

B) Premier Caroline Cochrane

C) Premier Joe Handley

D) Premier Jim Antoine

554- Which political party is in power in the Northwest Territories?

A) Yukon Party

B) Liberals

C) Governed by consensus

D) New Democrats

555- What is the capital City of the Nunavut?

A) Sinaa

B) Iqaluit

C) Nipisa

D) Mivvik

۵۵۶- نام کمیسر نوناووت چیست؟
ارجمند پیتر ایرنیک
آن میکیتجوک هانسون محترم
ایوا آریاک محترم
ارجمند نلی تپتاق

۵۵۷- نام رهبر مخالفان در نوناووت چیست؟
دون مورین
جو هندلی
هیچ یک
اوا آریاک

۵۵۸- نام نخستین نوناووت چیست؟
نخست وزیر پل اوکالیک
فلوید رولند برتر
نخست جو ساویکا
Premier P.J. آکیاگوک

556- What is the name of the Commissioner of Nunavut?

A) Honourable Peter Irniq

B) Honourable Ann Meekitjuk Hanson

C) Honourable Eva Aariak

D) Honourable Nellie Taptaqut Kusugak

557- What is the name of the leader of the Opposition in Nunavut?

A) Don Morin

B) Joe Handley

C) None

D) Eva Aariak

558- What is the name of the Premier of Nunavut?

A) Premier Paul Okalik

B) Premier Floyd Roalnd

C) Premier Joe Savikataaq

D) Premier P.J. Akeeagok

۵۵۹- کدام حزب سیاسی در نوناووت قدرت دارد؟
محافظه کار مترقی
لیبرال
مهمانی نوناووت
با اجماع اداره می شود

۵٦٠- پایتخت انتاریو کدام شهر است؟
کینگستون
اتاوا
تورنتو
لندن

۵٦١- نام رهبر مخالفان در انتاریو چیست؟
آندریا هوروات
تیم هوداک
پیتر تابونز
دالتون مک گینتی

559- Which political party is in power in Nunavut?

A) Progressive Conservative

B) Liberal

C) Nunavut Party

D) Governed by consensus

560- What is the capital city of Ontario?

A) Kingston

B) Ottawa

C) Toronto

D) London

561- What is the name of the leader of the Opposition in Ontario?

A) Andrea Horwath

B) Tim Hudak

C) Peter Tabuns

D) Dalton McGuinty

۵۶۲- ستوان فرماندار انتاریو چه نام دارد؟
جیمز بارتلمن
الیزابت داودزول
دیوید سی اونلی
بلیندا استروناخ

۵۶۳- نام نخست وزیر انتاریو چیست؟
داگ فورد برتر
جک لیتون برتر
کاتلین وین برتر
نخست وزیر مایک هریس

۵۶۴- امروزه چه سه صنعت برای اقتصاد انتاریو مهم است؟
معدن، ماهیگیری، خودروسازی
معدن، گردشگری، خودروسازی
کشاورزی، گردشگری، ماهیگیری
خودروسازی، گردشگری، ماهیگیری

562- What is the name of the Lieutenant-Governor of Ontario?

A) James Bartleman

B) Elizabeth Dowdeswell

C) David C. Onley

D) Belinda Stronach

563- What is the name of the Premier of Ontario?

A) Premier Doug Ford

B) Premier Jack Layton

C) Premier Kathleen Wynne

D) Premier Mike Harris

564- What three industries are important to Ontario's economy today?

A) Mining, fishing, automobile manufacturing

B) Mining, tourism, automobile manufacturing

C) Farming, tourism, fishing

D) Automobile manufacturing, tourism, fishing

۵۶۵- کدام حزب سیاسی در انتاریو قدرت دارد؟

حزب سبز

حزب آزادیخواه

حزب محافظه کار مترقی

حزب دموکراتیک نوین

۵۶۶- کدام سه عضو مجلس قانونگذاری انتاریو هستند؟

برایان کیلریا، مارلین کاترال، تام گرین

هوارد همپتون، موریس ریچارد، دانیل پولیکوین

دانیل لانوا، روزاریو مارکز، دایان دوفرن

پل کالاندرا، تاد اسمیت، لیزا گرتزکی

565- Which political party is in power in Ontario?

A) Green Party

B) Liberal Party

C) Progressive Conservative Party

D) New Democratic Party

566- Which three are Members of Ontario's Legislative Assembly?

A) Brian Kilrea, Marlene Catterall, Tom Green

B) Howard Hampton, Maurice Richard, Daniel Poliquin

C) Daniel Lanois, Rosario Marchese, Diane Dufresne

D) Paul Calandra, Todd Smith, Lisa Gretzky

۵۶۷- پایتخت جزیره پرنس ادوارد چیست؟
کورنوال
استراتفورد
شارلوت تاون
جورج تاون

۵۶۸- نام رهبر مخالفان در جزیره پرنس ادوارد چیست؟
جرثقیل زیتون
جیمی فاکس
استیون مایرز
پیتر بیوان-بیکر

۵۶۹- نام ستوان فرماندار جزیره پرنس ادوارد چیست؟
آنتوانت پری محترم
ارجمند فرانک لوئیس
باربارا الیور هاگرمن ارجمند
لئونس بارنارد محترم

567- What is the capital City of the Prince Edward Island?

A) Cornwall

B) Stratford

C) Charlottetown

D) Georgetown

568- What is the name of the leader of the Opposition in Prince Edward Island?

A) Olive Crane

B) Jamie Fox

C) Steven Meyers

D) Peter Bevan-Baker

569- What is the name of the Lieutenant-Governor of Prince Edward Island?

A) Honourable Antoinette Perry

B) Honourable H. Frank Lewis

C) Honourable Barbara Oliver Hagerman

D) Honourable Léonce Barnard

۵۷۰- نام نخست وزیر جزیره پرنس ادوارد چیست؟
وید مک لاچلان برتر
دنیس کینگ برتر
پت بینز برتر
جو قیز برتر

۵۷۱- کدام حزب سیاسی در جزیره پرنس ادوارد قدرت دارد؟
محافظه کار مترقی
دموکرات های جدید
لیبرال ها
اتحادیه ملی

۵۷۲- پایتخت کبک چیست؟
بیوپورت
شهر کبک
مونترال
چیکوتیمی

570- What is the name of the Premier of Prince Edward Island?

A) Premier Wade MacLauchlan

B) Premier Dennis King

C) Premier Pat Binns

D) Premier Joe Ghiz

571-Which political party is in power in Prince Edward Island?

A) Progressive Conservative

B) New Democrats

C) Liberals

D) Union Nationale

572-What is the capital City of the Quebec?

A) Beauport

B) Quebec City

C) Montreal

D) Chicoutimi

۵۷۳- نام رهبر مخالفان در کبک چیست؟
دومینیک آنگلید
پیر آرکاند
ژان مارک فورنی
فیلیپ کویلارد

۵۷٤- نام نخست وزیر کبک چیست؟
لوسین بوچارد برتر
نخست وزیر پائولین مارویس
نخست وزیر فرانسوا لگو
نخست وزیر فیلیپ کویار

۵۷۵- امروزه چه سه صنعت برای اقتصاد کبک مهم است؟
گردشگری، معدن و جنگلداری
خمیر و کاغذ، جنگلداری و برق آبی
فیلم، ماهیگیری و معدن
جنگلداری، کشتیرانی و گردشگری

573- What is the name of the leader of the Opposition in Quebec?

A) Dominique Anglade

B) Pierre Arcand

C) Jean-Marc Fournie

D) Philippe Couillard

574- What is the name of the Premier of Quebec ?

A) Premier Lucien Bouchard

B) Premier Pauline Marois

C) Premier Francois Legault

D) Premier Philippe Couillard

575- What three industries are important to Quebec's economy today?

A) Tourism, mining and forestry

B) Pulp and paper, forestry and hydro-electric power

C) Films, fishing and mining

D) Forestry, shipping and tourism

۵۷۶- کدام حزب سیاسی در کبک قدرت دارد؟
ائتلاف Avenir Québec
بخش لیبرال
پارتی کبکوا
اتحادیه ملی

۵۷۷- پایتخت ساسکاچوان کدام شهر است؟
رجینا
آوونلیا
گلناون
فورت کوآپل

۵۷۸- امروزه چه سه صنعت برای اقتصاد ساسکاچوان مهم است؟
جنگلداری، فیلم و گردشگری
ماهیگیری، معدن و کشاورزی
معدن، تولید نفت و جنگلداری
کشاورزی، معدن و گاز طبیعی

576- Which political party is in power in Quebec?

A) Coalition Avenir Québec

B) Parti libéral

C) Parti Quebecois

D) Union Nationale

577- What is the capital city of Saskatchewan?

A) Regina

B) Avonlea

C) Glenavon

D) Fort Qu'Appelle

578- What three industries are important to Saskatchewan's economy today?

A) Forestry, films and tourism

B) Fishing, mining and agriculture

C) Mining, oil production and forestry

D) Farming, mining and natural gas

۵۷۹- پایتخت منطقه یوکان چیست؟
مک ری
کرست ویو
اسب سفید
ریوردیل

۵۸۰- نام کمیسر ناحیه یوکان چیست؟
داگ فیلیپس محترم
آنجلیک برنارد محترم
جناب جک کابل
داگلاس بل محترم

۵۸۱- به جای کلمه کویین یا کینگ کدام یک از دو کلمه زیر است؟
monrach
sovereign
premier
monrach or soverein

579- What is the capital city of Yukon Territory?

A) MacRae

B) Crestview

C) Whitehorse

D) Riverdale

580- What is the name of the Commissioner of Yukon Territory?

A) Honourable Doug Phillips

B) Honourable Angélique Bernard

C) Honourable Jack Cable

D) Honourable Douglas Bell

581- Which of the following are two words that can be used instead of the words king or queen?

A) monarch

B) Sovereign

C) Premier

D) monarch or sovereign

۵۸۲- از چه سه اصطلاحی می توانید برای تشریح شکل حکومت کانادا استفاده کنید؟

سلطنت مشروطه

دموکراسی پارلمانی

ایالت فدرال

دیکتاتوری

۵۸۳- چند سال است که مهاجران و مهاجران به این کشور آمده اند؟

۱۰۰ سال

۲۰۰ سال

۳۰۰ سال

۴۰۰ سال

۵۸۴- (۴) آزادی اساسی وجود دارد که کانادایی ها از آنها برخوردار هستند. کدام انتخاب صحیح نیست؟

آزادی اجتماعات مسالمت آمیز

آزادی انجمن

آزادی اجتماعات مسالمت آمیز

آزادی داشتن اسلحه

582- What three terms can you use to describe the form of government Canada has?

A) constitutional monarchy

B) parliamentary democracy

C) federal state

D) dictatorship

583- How many years have settlers and immigrants come to this country?

A) 100 years

B) 200 years

C) 300 years

D) 400 years

584- There are (4) fundamental freedoms that Canadians enjoy. Which choice is not correct?

A) freedom of peaceful assembly

B) freedom of association

C) freedom of peaceful assembly

D) freedom to own guns

۵۸۵- قانون اساسی کانادا چه زمانی تغییر کرد؟

۱۸۷۰

۱۸۸۲

۱۹۷۰

۱۹۸۲

۵۸۶- چه کسی باید قانون را رعایت کند؟

مردان

زنان

فرزندان

هر کس

۵۸۷- منظور از تساوی زن و مرد چیست؟

.مردان برای زنان فراهم می کنند

.آنها به یکدیگر اهمیت می دهند

.زنان برای مردان تامین می کنند

.زن و مرد برابر قانون هستند

585- When was the Constitution of Canada changed?

A) 1870

B) 1882

C) 1970

D) 1982

586- Who has to obey the law?

A) men

B) women

C) children

D) everyone

587- What is meant by the equality of men and women?

A) Men provide for women.

B) They care for each other.

C) Women provide for men.

D) Men and women are equal under the law.

۵۸۸- هیئت منصفه چه می کند؟
به پلیس کمک می کند
به قاضی کمک می کند
به وکیل کمک می کند
به مهاجران کمک می کند

۵۸۹- انتخابات سه قسم است؟
ایالت، شهرستان و منطقه
ایالتی، استانی و محلی
،فدرال، استانی یا سرزمینی
محلی
فدرال، ایالتی و محلی

۵۹۰- آیا باید به ارتش کانادا بپیوندید؟
بله بعد از ۱۸ سالگی
بله بعد از ۲۱ سالگی
بله، اما فقط مردان
نه

588- What does a jury do?

A) helps the police

B) helps the judge

C) helps the lawyer

D) helps the immigrants

589- What are the three kinds of elections?

A) State, county and area

B) State, provincial and local

C) Federal, provincial or territorial, local

D) Federal, state, and local

590- Do you have to join the Canadian army?

A) yes, after the age of 18

B) yes, after the age of 21

C) yes, but only men

D) no

۵۹۱- مزیت های داوطلبی چیست؟ (سه را انتخاب کنید)
.شما می توانید پول در بیاورید
همه آنها
.شما می توانید دوست شوید
.می توانید برای مشاغل شبکه سازی کنید

۵۹۲- متی ها چه کسانی هستند؟ (از نسل چه کسانی هستند؟)
اسپانیایی و فرانسوی
انگلیسی و بومی
انگلیسی و فرانسوی و بومی
فرانسوی و بومی

۵۹۳- اولین افرادی که در کانادا زندگی کردند چه کسانی بودند؟
بومی
اسپانیایی
فرانسوی
بریتانیا

591- What are the advantages of volunteering? (Pick three)

A) You can make money.

B) All of them

C) You can make friends.

D) You can network for jobs.

592- Who are the Métis? (Who are they descended from?)

A) Spanish & French

B) English & Aboriginal

C) English & French and ABoriginal

D) French & Aboriginal

593- Who were the first people to live in Canada?

A) the Aboriginal

B) the Spanish

C) the French

D) the British

۵۹٤- کانادا در سال ۲۰۰۸ برای چه چیزی عذرخواهی کرد؟
راه آهن
توقیف ژاپنی
مالیات سر
مدارس مسکونی
۵۹۵- کلمه اینویت به چه معناست؟
مردم
شب
یه روز جدید
آن را می دانستند |

Online Canadian Citizenship Practice Test
www.toptenaward.org

594- What did Canada apologize for in 2008?

A) the railroad

B) the Japanese internment

C) the Head Tax

D) residential schools

595- What does the word "Inuit" mean?

A) the people

B) the Night

C) a new day

D) I knew it

Online Canadian Citizenship Practice Test

www.toptenaward.org

1	D	24	A	47	C	70	A	93	D
2	A	25	B	48	B	71	A	94	D
3	C	26	A	49	A	72	A	95	A
4	A	27	A	50	A	73	D	96	C
5	A	28	D	51	D	74	A	97	B
6	B	29	A	52	B	75	A	98	A
7	A	30	A	53	C	76	A	99	B
8	B	31	A	54	C	77	D	100	B
9	A	32	B	55	A	78	A	101	D
10	A	33	C	56	B	79	A	102	A
11	A	34	B	57	A	80	D	103	A
12	A	35	C	58	A	81	B	104	A
13	A	36	B	59	A	82	C	105	A
14	C	37	A	60	A	83	A	106	C
15	A	38	A	61	A	84	D	107	B
16	A	39	D	62	C	85	A	108	A
17	C	40	A	63	A	86	B	109	D
18	D	41	C	64	A	87	C	110	B
19	B	42	D	65	B	88	A	111	D
20	D	43	B	66	C	89	A	112	C
21	A	44	B	67	D	90	B	113	A
22	C	45	A	68	C	91	A	114	A
23	C	46	D	69	A	92	B	115	B

116	C	139	B	162	D	185	B	208	B
117	B	140	A	163	A	186	D	209	B
118	A	141	A	164	B	187	A	210	A
119	A	142	C	165	B	188	C	211	A
120	D	143	A	166	A	189	B	212	D
121	A	144	B	167	B	190	C	213	C
122	C	145	C	168	D	191	A	214	A
123	B	146	A	169	A	192	B	215	C
124	C	147	A	170	C	193	A	216	A
125	A	148	B	171	A	194	C	217	B
126	B	149	C	172	A	195	B	218	D
127	D	150	C	173	B	196	A	219	A
128	A	151	B	174	D	197	D	220	B
129	A	152	A	175	C	198	B	221	A
130	A	153	D	176	B	199	A	222	A
131	C	154	C	177	A	200	A	223	B
132	B	155	A	178	A	201	A	224	B
133	B	156	A	179	D	202	D	225	C
134	D	157	C	180	A	203	D	226	A
135	A	158	A	181	D	204	D	227	C
136	A	159	B	182	A	205	B	228	A
137	C	160	B	183	C	206	A	229	D
138	A	161	B	184	A	207	A	230	B

231	A	254	C	277	D	300	D	323	B
232	B	255	A	278	C	301	D	324	A
233	B	256	B	279	A	302	A	325	D
234	A	257	A	280	C	303	A	326	C
235	B	258	D	281	B	304	C	327	A
236	A	259	D	282	D	305	A	328	C
237	C	260	C	283	C	306	B	329	D
238	D	261	A	284	B	307	C	330	B
239	B	262	A	285	D	308	A	331	D
240	A	263	C	286	A	309	D	332	C
241	A	264	D	287	D	310	C	333	B
242	D	265	B	288	D	311	B	334	D
243	D	266	C	289	C	312	A	335	A
244	A	267	A	290	A	313	A	336	C
245	D	268	D	291	D	314	B	337	B
246	A	269	C	292	B	315	D	338	D
247	B	270	A	293	B	316	A	339	A
248	A	271	C	294	C	317	C	340	A
249	C	272	C	295	B	318	A	341	D
250	D	273	C	296	D	319	C	342	A
251	A	274	A	297	C	320	C	343	C
252	A	275	A	298	B	321	C	344	A
253	A	276	B	299	D	322	A	345	A

346	D	369	A	392	B	415	C	438	D
347	B	370	B	393	B	416	B	439	B
348	D	371	D	394	C	417	D	440	B
349	D	372	B	395	B	418	C	441	A
350	D	373	D	396	D	419	D	442	C
351	B	374	B	397	A	420	B	443	A
352	B	375	C	398	A	421	A	444	A
353	C	376	D	399	D	422	A	445	C
354	A	377	D	400	D	423	A	446	A
355	A	378	C	401	C	424	B	447	B
356	D	379	C	402	B	425	C	448	C
357	B	380	A	403	C	426	C	449	C
358	C	381	A	404	A	427	D	450	C
359	C	382	D	405	C	428	A	451	C
360	C	383	C	406	C	429	D	452	B
361	C	384	B	407	C	430	B	453	D
362	A	385	A	408	D	431	A	454	A
363	D	386	C	409	B	432	B	455	A
364	B	387	B	410	C	433	C	456	C
365	A	388	B	411	C	434	C	457	B
366	D	389	B	412	C	435	B	458	B
367	D	390	B	413	C	436	D	459	C
368	C	391	B	414	C	437	D	460	A

461	C	484	D	507	D	530	B	553	B
462	D	485	B	508	D	531	C	554	C
463	C	486	C	509	A	532	C	555	B
464	C	487	C	510	B	533	C	556	D
465	A	488	D	511	B	534	A	557	C
466	D	489	A	512	D	535	B	558	D
467	C	490	A	513	A	536	D	559	D
468	B	491	B	514	D	537	D	560	C
469	B	492	D	515	C	538	C	561	C
470	A	493	D	516	D	539	A	562	B
471	A	494	D	517	C	540	D	563	A
472	D	495	D	518	C	541	A	564	B
473	D	496	C	519	B	542	A	565	C
474	A	497	B	520	B	543	C	566	D
475	D	498	B	521	D	544	B	567	C
476	C	499	B	522	C	545	C	568	D
477	B	500	A	523	A	546	D	569	A
478	C	501	D	524	B	547	C	570	B
479	A	502	B	525	C	548	C	571	A
480	C	503	A	526	A	549	B	572	B
481	C	504	A	527	C	550	D	573	A
482	D	505	B	528	D	551	A	574	A
483	D	506	C	529	A	552	A	575	B

576	A
577	A
578	D
579	C
580	B
581	D
582	D
583	D
584	D
585	D
586	D
587	D
588	B
589	C
590	D
591	B
592	C
593	A
594	D
595	A

Test Your CanadianCitizenship knowledge here:

www.toptenaward.org

GOOD
LUCK

موفق باشید

www.ingramcontent.com/pod-product-compliance
Lightning Source LLC
Chambersburg PA
CBHW070859120626
46546CB00001B/54

* 9 7 8 1 9 9 0 4 5 1 7 2 0 *